V&R

Klaus Liesegang

Frauen-Power

Mit Herz und Haube

Bethanien-Diakonissen im Dienst der Nächstenliebe

Herausgegeben von Bethanien Diakonissen-Stiftung

Vandenhoeck & Ruprecht

Herausgeber: Der Vorstand der Bethanien Diakonissen-Stiftung
(Pastor Dr. Lothar Elsner – Theologischer Vorstand und
Uwe M. Junga – Dipl.-Oec. – Kaufmännischer Vorstand)

Koordination und Redaktion: Leitende Schwester Silviana Prager-Hoppe

Text und Fotos: Pastor i. R. Klaus Liesegang
(Fotos aus Archiven der Bethanien Diakonissen-Stiftung reproduziert)

Bibliografische Information der Deutschen Nationalbibliothek:
Die Deutsche Nationalbibliothek verzeichnet diese Publikation in der
Deutschen Nationalbibliografie; detaillierte bibliografische Daten sind
im Internet über https://dnb.de abrufbar.

Umschlagabbildung: Schwester Maria Ling, Missionsschwester in Tansania,
Unterrichtsschwester in Frankfurt, Laienpredigerin, und Seelsorgerin im
Bethanien-Krankenhaus Frankfurt

Satz: SchwabScantechnik, Göttingen
Druck und Bindung: ⊕ Hubert & Co. BuchPartner, Göttingen
Printed in the EU

Vandenhoeck & Ruprecht Verlage | www.vandenhoeck-ruprecht-verlage.com

ISBN 978-3-525-54082-4

Inhalt

Vorwort

Diakonissen sind bemerkenswerte Frauen. Sie engagieren sich für fremde Menschen, führen ein Leben in einer inspirierten Gemeinschaft und machten schon Karriere, als dies Frauen noch vorenthalten war. Sie waren und sind mutig, machten vor keiner Herausforderung Halt und schufen damit ein großes Netzwerk diakonischer Initiativen.

Dieses Buch erzählt vom Leben und Wirken der Bethanien-Diakonissen. Es umspannt die Zeit von 1874, als der Bethanien-Verein gegründet wurde, bis heute. Diese Frauen haben durch ihren Dienst die Basis für die heutige diakonische Arbeit der Bethanien Diakonissen-Stiftung geschaffen. Durch das Engagement der Schwestern in Deutschland und der Schweiz konnten Einrichtungen, das materielle Vermögen und ein Schatz an geistigen Werten, Hoffnung und Orientierung aufgebaut werden, die wir bis heute brauchen. Ermöglicht hat das der gelebte Glaube dieser Frauen, der sich in tatkräftigem Handeln ausdrückte. Das soll hier dargestellt und gewürdigt werden. Diakonissen sind und waren Power-Frauen mit Herz und Haube, die auch schwierigste Zeiten durch Gottes Hilfe mit Geduld, Einsatz- und Opferbereitschaft gemeistert haben. Heute sind alle Bethanien-Diakonissen im wohlverdienten Ruhestand.

Wir sind sehr dankbar, dass einige Diakonissen in diesem Buch einen Einblick in ihr Leben geben. Die leitende Schwester Silviana Prager-Hoppe hat unermüdlich dieses Projekt koordiniert und bis zum Ziel weiter verfolgt. Dafür danken wir ihr herzlich.

Ein ganz besonderer Dank gilt Pastor Klaus Liesegang, der seit vielen Jahren die Diakonissen in Frankfurt seelsorglich begleitet und sich intensiv in die Geschichte und den geistlichen Hintergrund der

Bethanien-Diakonissen eingearbeitet hat. Er hat in vielen Stunden im Archiv Bilder und Geschichten aus dem Leben der Diakonissen gefunden.

Wir freuen uns sehr, dadurch das besondere Leben und Wirken dieser Lebensgemeinschaft in diesem Buch vorstellen zu können.

Frankfurt im Advent 2019
Dr. Lothar Elsner und Uwe M. Junga,
Vorstand der Bethanien Diakonissen-Stiftung

Diakonissen –
dienen ohne Verdienst

Ohne die Bereitschaft von jungen Frauen, die Lebensform der Diakonisse zu wählen, hätte es im Jahr 1874 keinen Bethanien-Verein gegeben. Die Bethanien-Diakonissen sind mit ihrem Dienst seit fast 150 Jahren der Grundstein der Arbeit in Krankenhäusern, Altenpflegeeinrichtungen, Kindergärten, und in vielen anderen sozialen Einrichtungen. Immer ging es ihnen um Hilfe, Pflege und Unterstützung von Menschen, die in eine Lebenslage geraten waren, in der sie Hilfe brauchten, wie z. B. kranke und alte Menschen, Kinder und Jugendliche oder geflüchtete Menschen. Dabei sollten nicht nur die körperlichen Probleme und Leiden gelindert werden. Es ging immer auch darum, die religiöse Dimension menschlichen Lebens in Verbindung mit dem christlichen Glauben zur Sprache zu bringen. Aus christlicher Sicht ist der Mensch nicht nur Leib sondern auch Seele. Deshalb spielt die Seelsorge bis heute eine große Rolle.

Die tätige Nächstenliebe war besonders in den ersten Jahren mit großen Opfern für die Diakonissen verbunden, von denen noch zu reden sein wird. Die Diakonissen zählten besonders in den Gründerjahren ebenso zu den Armen, wie diejenigen, um die sie sich gekümmert haben. Es ging den Schwestern um Mitmenschlichkeit, um Nächstenliebe, die in ihrem tiefen Glauben verwurzelt waren. Der Glaube war und ist die Motivation ihres Handelns, denn *„der Glaube ist durch die Liebe tätig",* wie John Wesley (1703–1791) immer wieder betonte. John Wesley war ein anglikanischer Pfarrer, auf den auch die Evangelisch-methodistische Kirche zurückgeht, und für den die Fürsorge für andere Menschen sehr wichtig war.

Bethanien-Brosche

Schwester Rosemarie (li) und Oberin i. R. Anita Bochmann (re)
Hamburg 2007

Die Diakonissen kamen fast alle aus christlichen Gemeinden der
methodistischen Tradition. Diese hat ihre Wurzeln in der Anglikanischen Kirche Englands und wurde auch von reformatorischen
Inhalten geprägt.

„Mit Glauben meine ich die Liebe zu Gott und den Menschen, die das Herz
ausfüllt und das Leben bestimmt." (Zitat aus einer Predigt von John Wesley)

Der Glaube an Gott, der uns in Jesus Christus Mensch geworden ist,
hat die jungen Frauen geprägt und motiviert. Von daher erklärt sich
auch die Bezeichnung „Diakonissen". Der Begriff stammt aus dem
Griechischen und bedeutet so viel wie „Beauftragte/Dienerinnen".
Man könnte auch frei und sinngemäß übersetzen: „Dienerinnen im
Auftrag des barmherzigen Gottes". Am Anfang trugen Diakonissen,
die sich aufgrund ihrer Verbindung im Glauben auch „Schwestern"
nannten, nur ein Kreuz als Symbol des christlichen Glaubens. 1914
wurde das Tragen einer Brosche mit Kreuz als offizielles Zeichen des
Diakoniewerks Bethanien eingeführt. Broschen waren damals ein
beliebter Schmuck für Frauen. Deshalb entschied man sich für eine
Brosche mit christlichen Symbolen als Erkennungszeichen.

　　Die hier abgebildete Form mit Herz, Kreuz und Anker stammt
aus den sechziger Jahren des 20. Jahrhunderts. Das Herz symbo-
lisiert die Liebe, das Kreuz den Glauben und der Anker die Hoffnung. Dieser Dreiklang stammt aus dem Neuen Testament der Bibel
und sagt etwas über die Motivation und den Glaubensinhalt der

*Die Belegschaft des Krankenhauses Bethanien am 17. Februar 1928
bei der Einweihung des „Erweiterungsbaues", dem heutigen Eingangsbereich.*

Krankenhauspersonal, Bethanien-Krankenhaus Hamburg 1928

Krankenhauspersonal, Bethanien-Krankenhaus Hamburg 1993

Schwesternschaft aus. Durch den Glauben und die Liebe trägt sie christliche Hoffnung in die Welt, indem sie sich Menschen liebevoll zuwendet. Diese innere Einstellung wurde durch die Krankenpflege und andere hilfreiche Tätigkeiten an Menschen verwirklicht. Der Apostel Paulus schreibt im Hohelied der Liebe:

„Auch wenn alles einmal aufhört – Glaube, Hoffnung und Liebe nicht. Diese drei werden immer bleiben; doch am höchsten steht die Liebe."
(1. Korintherbrief 13, Vers 13 nach einer modernen Übersetzung)

Das Wort „Bethanien" ist ursprünglich der Name eines kleinen Dorfes im alten Israel. Hier wohnten Martha und Maria mit ihrem Bruder Lazarus, bei denen Jesus oft zu Gast war und mit ihnen feierte. Hier wurde aus tiefster Trauer Freude, als Jesus seinen Freund Lazarus vom Tode aufweckte und in die menschliche Gemeinschaft seiner Schwestern und Freunde zurückbrachte (Johannes 11,1–45).

Heute sind alle Bethanien-Diakonissen im Ruhestand, da es seit den siebziger Jahren keinen Nachwuchs mehr gibt. Auch die Organisationsform ist nicht mehr dieselbe wie am Anfang. 1874 gründete man einen „Bethanien-Verein". Heute gibt es die „Bethanien Diakonissen-Stiftung", die seit 1998 die Arbeit im Geist und der Tradition der Gründerjahre weiterführt. Wie ganz zu Anfang geht es auch heute darum, Menschen in den Einrichtungen und Projekten die Liebe Gottes durch die Nächstenliebe weiter zu geben. Glauben und Handeln sind untrennbar miteinander verbunden.

Hamburger Schwesternschaft 2007

Frankfurter Schwesternschaft 2006

Berufung anstatt Job

In unsere Sprache hat ein Wort Einzug gehalten, das früher nicht bekannt war. Es ist das Wort **Job.** Gemeint ist damit die Tätigkeit, mit der man seinen Lebensunterhalt verdient. **Beruf** meint dagegen mehr als nur Geld verdienen. Unsere Diakonissen würden niemals von Job sprechen. Sie sprechen von Berufung und verbinden damit eine tiefe Glaubenserfahrung. Dieses Wort hat einen Nachklang in der Bezeichnung: Beruf. Manche Menschen stellen sich eine „Berufung" von Gott so vor, als würde eine Stimme aus dem Himmel ertönen, der man Folge zu leisten hätte. Wenn jemand von Gott berufen wird, geht es in der Praxis sehr menschlich zu. Meist ist es eine Mischung aus innerem Antrieb, Erfahrung, vielleicht einem ganz bestimmten Bibelwort und auch zwischenmenschlicher Begegnung. Sich berufen fühlen, ist eine Aussage, die nicht bewiesen werden kann, sondern etwas ganz Persönliches. Es hat mit Glauben und Vertrauen zu tun. Und schließlich gehört auch eine ganz persönliche Entscheidung dazu. Letzten Endes ist es eine Herzensangelegenheit.

Lassen wir am besten unsere Schwestern selbst reden.

Da ist zum Beispiel *Schwester Anita Hübner* aus Frankfurt, die berichtet:

„Meine Mutter ist an einer schweren Krankheit gestorben als ich sechs Jahre alt war. Schon als Kind habe ich erlebt, was Krankheit bedeutet. Ich erinnere mich, dass eine Diakonisse zu uns nach Hause kam, um meine Mutter zu pflegen. Das hat mich damals beeindruckt – besonders die schöne Kleidung der Schwester, mit Haube und schöner Tracht. Das hat mir so gut gefallen. Das wirkte lange Zeit in mir nach. Ich beschloss schon sehr früh, Krankenschwester zu werden, um ande-

Schwester Anita Hübner aus Frankfurt

ren zu helfen. Mit neunzehn Jahren begann ich eine Ausbildung als Schwesternhelferin im Bethanien-Krankenhaus Frankfurt am Main. Es war das Jahr 1954. Dort lernte ich die Schwesternschaft kennen und deren geistliches Leben. Regelmäßiger Gottesdienst war mir von zu Hause aus eher fremd. In Frankfurt ging ich dann mit den Schwestern regelmäßig zum Gottesdienst, was mich sehr beeindruckte. Es wurde damals noch im Knien gebetet und auch bei den Mahlzeiten. Irgendwie ging mir dann die Frage im Kopf herum, ob nicht auch ich Diakonisse werden sollte. Das Leben in der Schwesternschaft mit über 100 Diakonissen hat mir so sehr gefallen. Dann wurde ich eines Tages von einer Schwester gefragt, ob ich Diakonisse werden will. Das hat mich dann nicht mehr losgelassen. Ich habe diese Frage als eine Frage wie von Gott persönlich aufgefasst und habe ein Jahr später ein inneres Ja dazu gefunden. Ich habe bis heute diesen Schritt nicht bereut. Ich bin sehr glücklich und innerlich reich beschenkt worden."

Schwester Gerda Liermann aus Hamburg

Schwester Gerda Liermann aus Hamburg erzählt:

„Ich wurde in Polen geboren und lebte dort unter der deutschen Minderheit. Nach dem Krieg wurden wir als Deutsche alle ausgewiesen. Ich kam zuerst nach Lübeck und habe dort als Flüchtling eine Ausbildung zur Kinderkrankenschwester gemacht. Die Methodistengemeinde dort hat mich sehr unterstützt. Allerdings war ich durch den Krieg sehr von Hunger und den schrecklichen Erlebnissen gezeichnet. Ich wäre gerne Diakonisse geworden und ging mit diesem Wunsch nach Hamburg. Dort bemerkte man meinen schlechten Gesundheitszustand und gab mir die Chance, mich erst einmal zu erholen. Die dortigen Schwestern haben mich liebevoll versorgt und ich konnte in der Schwesterngemeinschaft leben. Dann allerdings begann ein innerer Kampf. Sollte ich wirklich den Weg als Diakonisse gehen? Ich kämpfte und stritt regelrecht mit Gott – aber schließlich hat Gott den Kampf gewonnen. 1949 trat ich dann als Diakonisse auf Probe in Bethanien ein und habe bis heute diesen Schritt nicht bereut. Ich war nach diesem Entschluss für ein Leben mit Jesus sehr glücklich."

Der mit Diakonissen vertraute Hausarzt, Dr. med. Paul von Sick (1871–1947), der in einem Diakonissenkrankenhaus tätig war, hat in allgemeinverständlichen Worten zur Berufung einer Diakonisse geschrieben:

„Die Pflegerin muss selbst innerlich vom Glauben ergriffen sein und ihn zum Grund- und Eckstein ihres ganzen Wesens und Leben gelegt haben …"

In manchen Ohren klingen solche Sätze sehr ernst. Schwestern hingegen berichten auch von außerordentlich fröhlichen Ereignissen und Stunden, die sie im Mutterhaus (so bezeichnet man den Ort, an dem Diakonissen gemeinsam leben) oder auch im Dienst alleine oder in Gemeinschaft erlebt haben. Die Dienstjubiläen waren z. B. immer auch sehr fröhliche und unterhaltsame Ereignisse. Das Jubiläum des Diakoniewerkes wurde mit zahlreichen Gästen gefeiert.

Man kann zu dem Thema „Berufung" zusammenfassend sagen: Die jungen Frauen bekamen meist in zwei Bereichen Kontakt zur Schwesternschaft. Zum einen gab es die Gemeindeschwester. Sie wurde vom Mutterhaus in eine Kirchengemeinde entsandt, um dort tätig zu sein. Dort ergaben sich zahlreiche Kontakte zu vielen jungen Frauen und Mädchen in der Gemeinde und deren Umfeld. Ihre Freundlichkeit, Hilfsbereitschaft und ihre Kleidung beeindruckte manche junge Frau oder Mädchen und weckte den Wunsch, selbst auch einen solchen Beruf zu ergreifen. Zum anderen führte der Wunsch nach Ausbildung zur Krankenschwester in eines der

Vier fröhliche Schwestern in den sechziger Jahren

Bethanien-Jubiläum 1974

Jubiläen waren immer ein Höhepunkt im Diakonissenleben (1974, 100 Jahre Bethanien Frankfurt)

Krankenhäuser, in denen Diakonissen tätig waren und die jungen Auszubildenden unterrichteten und begleiteten. Der Wunsch, kranken Menschen zu helfen, stand fast immer vor dem Gedanken, die Lebensform der Diakonisse zu wählen. Nicht wenige Schwestern sprechen davon, wie schwer es ihnen gefallen ist, den Ruf Gottes zur Diakonisse zu bejahen. Viele verbanden mit dem Leben einer Diakonisse den Gedanken an Verzicht und großer Opferbereitschaft. Dieser Gedanke war besonders in der Gründerzeit des Diakoniewerkes auch nicht unberechtigt. Ebenso war die Ehelosigkeit für manche junge Frau eine Hürde, zu der sie kein schnelles Ja finden konnte. Allerdings berichten fast alle Schwestern, wie glücklich sie waren, nachdem sie den Ruf zur Diakonisse bejaht hatten.

Was die Bezahlung dieses Dienstes betrifft, so haben unsere Schwestern nie ein Gehalt bekommen. Das hat seinen Grund darin, dass *„die Schwestern in keinem Dienstverhältnis zum Verein stehen vielmehr Mitglieder und Töchter desselben sind"* (Konferenzbeschlüsse aus dem Jahr 1887). Sie werden dafür als Gegenleistung lebenslang mit Unterkunft, Kleidung, Verpflegung versorgt. Im Krankheitsfall und im Alter ist die Versorgung ebenso gewährleistet. Urlaub und Erholungsheime für Diakonissen gab es schon recht früh. Alle zwei Jahre hatten die Schwestern anfangs vier Wochen frei. Für damalige Verhältnisse war das alles andere als selbstverständlich. Ein bescheidenes Taschengeld gab es ebenso. In der „Berufsordnung für Diakonissen" aus dem Jahr 1935 ist ganz zu Anfang ein „Diakonissenspruch" zu lesen, in dem es zu der Frage des Lohnes heißt:

„Und was ist mein Lohn? Ich diene weder um Lohn, noch Dank, sondern aus Dank und Liebe: Mein Lohn ist, dass ich darf."

Die drei Versprechen einer Diakonisse

Die Ehelosigkeit

Die Ehelosigkeit gehört bis heute zum Leben einer Diakonisse. Allerdings ist dieser freiwillige Verzicht auf eine Ehe nie in Form eines Gelübdes geleistet worden. Er ist *„aus der Erfahrung des Werkes herausgewachsen ..."*, wie Pastor Georg Rexroth 1935 in der „Berufsordnung für Diakonissen" betont. Er schreibt weiter: *„Die Arbeit an den Armen, Kranken, Elternlosen, Gebrechlichen, Kindern und ähnlichen erfordert die ungeteilte Lebenskraft. Um sich diesem Dienste ohne Familiensorgen ungehindert widmen zu können, entscheidet sich die Diakonisse freiwillig für die Ehelosigkeit."* Und weiter wird betont: *„Es ist nicht, wie so oft angenommen wird, ein lebenslang bindendes Versprechen der Ehelosigkeit; denn das Mutterhaus hindert die Ehe nicht, wenn sie als Führung Gottes klar zu erkennen ist."* Das unterscheidet die Diakonissen wesentlich von katholischen Nonnen. Eine Oberin sagt dazu: *„Ich selbst schätze diese Freiheit, die mir erlaubt, freiwillig zu bleiben oder zu gehen. Verpflichtet sind wir Gott gegenüber, keinem Versprechen. Bei der Einsegnung wird eine Einwilligung abgegeben, nicht mehr und nicht weniger."* Eine Schwester, die viele Jahre Gemeindeschwester war und mit vielen familiären Problemen konfrontiert wurde, sagte einmal mit einem verschmitzten Lächeln:

„Wenn ich gefragt werde, wie ich mit der Ehelosigkeit zurechtkomme, dann sage ich immer nur ein Wort: Bestens."

In einem Faltblatt, das über den Diakonissenberuf informiert, ist zu lesen:

„Wir nehmen die Ehelosigkeit als Gabe an, die uns zum Leben für Gott und Menschen Raum gibt."

Die Sendungsbereitschaft

Der Erfolg des Diakoniewerkes ist wesentlich auch in der Opferbereitschaft der Schwestern begründet. So war die Bereitschaft zum Gehorsam gegenüber dem Mutterhaus Voraussetzung dafür, als Diakonisse bei der Einsegnung aufgenommen zu werden. Dieser Gehorsam war besonders auf die Zuweisung von Tätigkeitsfeldern ausgerichtet. Es konnte z. B. vorkommen, dass eine Stelle im Krankenhausbetrieb unbedingt besetzt werden musste, der Einsatzort aber in einer anderen Stadt lag und fern vom Mutterhaus. Solche Situationen waren für die Schwestern in mehrfacher Hinsicht nicht leicht zu ertragen. Sie mussten auf ihre vertraute Umgebung und auf die Gemeinschaft der vertrauten Mitschwestern verzichten und vielleicht auch eine Tätigkeit übernehmen, die nicht zu den Wunschvorstellungen der betroffenen Schwester gehörte. Dennoch berichten Schwestern immer wieder, wie sie im Nachhinein solche Gehorsamsschritte als Segen erfahren haben und sie auf verschiedene Weise reich mit neuen Erfahrungen beschenkt wurden.

Der Verzicht auf volle Entlohnung

Ein Wortspiel, was eine Schwester einmal benutzte, als sie nach ihrem Verdienst gefragt wurde, lautete so:

„Ich arbeite nicht um zu verdienen, sondern um zu dienen."

Weiter oben ist auf den Status der Diakonisse, was das Arbeitsverhältnis betrifft, ausführlicher eingegangen worden. Hier sei so viel gesagt: Die Diakonisse lebt und dient in einer Gemeinschaft, die ihre Wurzeln im christlichen Glauben hat. Das hat in der Tradition des Diakoniewerks eine Art von genossenschaftlicher Lebensform mit sich gebracht. Das bedeutete: alle Einnahmen kamen in eine gemeinsame Kasse. Alle Schwestern bekamen unabhängig vom Alter, der beruflichen Qualifikation und sonstigen Kriterien dasselbe Taschengeld und dieselbe lebenslange Versorgung. Damit war ein Konkurrenzdenken auf der materiellen Ebene ausgeschaltet, was dem Leben in einer Schwesterngemeinschaft immer förderlich war. Dasselbe gilt auch für die einheitliche Kleidung.

Das äußere Erscheinungsbild

Zu einer Diakonisse gehören die besondere Kleidung und die Haube. Der Ursprung der Diakonissentracht geht auf das Jahr 1836 zurück. Der evangelische Pfarrer Theodor Fliedner aus Kaiserswerth bei Düsseldorf hatte damals mit seiner Frau Friederike das erste Diakonissenwerk in der evangelischen Landeskirche in Deutschland gegründet. Die Anregung hierzu empfing er auf einer Reise bei den Mennoniten in Holland, die das altkirchliche Diakonissenamt wieder eingeführt hatten. Gläubige Frauen stellten sich dort für den Dienst an Armen und Kranken zur Verfügung. Der Gedanke von Pfarrer Fliedner und seiner Frau war, den jungen Frauen mit der Kleidung einer verheirateten Frau einen gesellschaftlichen Status zu geben, der denselben Respekt abverlangte wie einer verheirateten Frau gegenüber. Für die tägliche Arbeit allerdings war diese Kleidung nicht sehr geeignet, weshalb es schon bald Veränderungen gab. Die Kleidung und die Haube, die recht unbequem waren, wurden Schritt um Schritt an die Anforderungen des täglichen Dienstes angepasst, bis es schließlich zu einer einheitlichen Tracht der Bethanien-Diakonissen um die Jahrhundertwende kam, wie auf den folgenden Bildern zu erkennen ist.

Bis in das 20. Jahrhundert hinein war die Kleidung vielfach ein Erkennungszeichen der gesellschaftlichen Stellung und des Berufes einer Person. Das traf besonders auf Frauen zu, die mit ihrer Haube eindeutig als verheiratet zu erkennen waren. In den Großstädten allerdings verflüchtigte sich diese Art der Kleidung als Erkennungszeichen deutlich früher als in ländlichen Gegenden.

Schwestern in den dreißiger Jahren mit Arbeitsschürze, Pellerine und Sonntagskleidung

Schwestern im Bügelzimmer – um 1960

„Ich bin sehr froh, dass die Menschen mit der Tracht, die wir tragen, assoziie-
ren, dass wir irgendetwas mit Gott, mit der Nächstenliebe usw. zu tun haben."
(Zitat einer Diakonisse zum Thema: „Tracht")

Die Zeiten haben sich geändert. Aber die Redewendung: „Unter
die Haube kommen", ist für eine Frau, die heiratet, immer noch
gebräuchlich und stammt aus jener Zeit. Die einheitliche Kleidung
der Schwestern machte sie in vielen Städten und Dörfern bekannt.
Mit der Haube auf dem Kopf, einer weißen Schürze und mit der Brosche am weißen Kragen waren sie wie ein Markenzeichen für Dienst-
bereitschaft, Nächstenliebe und christlichen Glauben.

Der Begriff Krankenschwester hat seinen Ursprung im Dienst der
Diakonissen. Aus der biblischen Tradition stammt die Bezeichnung
„Schwester und Bruder im Glauben". Weil es über viele Jahrzehnte
aber Diakonissen (Frauen) waren, die als ausgebildete Kranken-
pflegerinnen gearbeitet haben und keine Männer, wurden sie mit
„Schwester" angeredet. Daraus ergab sich die Berufsbezeichnung:
Krankenschwester. Bis in die Gegenwart hinein war die Haube
auch ein Zeichen für den Beruf der Krankenschwester. Es liegt auf
der Hand, dass es den Begriff „Krankenbruder" nie gegeben hat.
Männer wurden erst ab den sechziger Jahren des zwanzigsten Jahr-
hunderts für diesen Beruf ausgebildet. Am 1. Januar 2004 trat das
vierte Krankenpflegegesetz der Bundesrepublik Deutschland in
Kraft. Dabei wurde für die nach dem 1. Januar 2004 ausgebildeten
Pflegefachkräfte die neue staatlich geschützte Berufsbezeichnung
„Gesundheits- und Krankenpfleger/in" eingeführt und die bisherige
Bezeichnung „Krankenschwester" beziehungsweise „Kranken-
pfleger" abgelöst. Bis heute sind die Begriffe Krankenschwester und
Krankenpfleger allerdings noch gebräuchlich.

Wie alles begann

Nachdem 1874 in Schaffhausen von der Konferenz (ähnlich einer Synode) der damaligen Methodistenkirche ein Antrag zur Gründung eines Diakoniewerkes abgelehnt wurde, versammelten sich vier Pastoren und gründeten den „Bethanien-Verein". Anschließend wurde die Zustimmung der Konferenz zu einer Vereinsgründung eingeholt. Mancher Teilnehmer stand diesem Plan aus finanziellen Gründen distanziert gegenüber. Die Mehrheit aber stimmte dem Vorhaben zu. Die Bedingung war, dass sich der Verein von der Kirche unabhängig finanzieren müsse. Aber die Nähe zur Kirche sollte unbedingt erhalten bleiben.

Die Pastoren Heinrich Mann, Jürgen Wischhusen, Carl Weiß und Friedrich Eilers waren die Wortführer und ersten Verantwortlichen bezüglich der Gründung des Bethanien-Vereins. Sie bildeten den Vorstand. Im Gründungsprotokoll vom 8. Juli 1874 wurde beschlossen was Schwestern an ihrem Einsatzort zu tun hatten. Sie sollten *„einen Schwesternverband bilden unter der Leitung einer Oberschwester"* (Anmerkung: aus der sich später der Begriff „Oberin" ergab). *„Sämtliche Pflegegelder fließen in die Hauskasse, aus welcher Kost, Logis und Kleidung bestritten werden."* Erfreulich war, dass sich damals spontan 23 Pastoren dem Verein als zahlende Mitglieder angeschlossen haben und damit ein erster, wenn auch sehr kleiner, finanzieller Grundstein gelegt war. In Frankfurt am Main sollte das „Mutterhaus" für die Diakonissen entstehen. Dieser Begriff bedeutet Heimat, Wohn- und Zufluchtsstätte für die Schwestern nach dem Vorbild der ersten Diakonissen in Kaiserswerth (s. o.). Methodistische Diakonissen gab es freilich nicht automatisch mit der Gründung des Bethanien-Vereins. Es mussten nun junge Frauen

DIE GRÜNDER DES
BETHANIEN-VEREINS
GEGRÜNDET AM 8. JULI 1874
ZU SCHAFFHAUSEN.

PRED. HEINRICH MANN

EUER
WERK
HAT SEINEN
LOHN.
2. CHRON. 15,7

PRED. FRIEDRICH EILERS

NEHMET
IMMER ZU
IN DEM WERK
DES HERRN.
1 KOR. 15,58.

PRED. JÜRGEN WISCHHUSEN

PRED. CARL WEISS

gefunden werden, die die Lebensform einer Diakonisse bejahten und den Dienst der Nächstenliebe als Diakonisse tun wollten. Die Aufgabenbereiche waren noch nicht klar abgesteckt. In der Kirchenordnung von 1888 heißt es: *„Die Diakonissinnen* (Anmerkung: so nannte man die Schwestern zu Anfang) *sollen den Armen beistehen, die Kranken besuchen, mit den Sterbenden beten, für die Waisen sorgen, die Verwirrten zurechtweisen, die Traurigen Trösten, die Sünder zu Gott führen und sich solcher christlichen Wirksamkeit widmen, wie sie ihren Fähigkeiten angemessen ist."*

Der Anfang in Frankfurt am Main und Berlin

Pastor Friedrich Eilers, einer der Mitbegründer des Bethanien-Vereins, wurde 1875 nach Frankfurt am Main versetzt. Er sollte hier die ersten konkreten Schritte zur Gründung eines Mutterhauses organisieren. Er begann mit anderen Pastoren in den Methodistengemeinden des Deutschen Reiches und der Schweiz nach geeigneten jungen Frauen zu suchen. Dabei sollten die Kollegen natürlich behilflich sein und nur diejenigen Frauen schicken, die eine klare christliche Gesinnung hatten und körperlich gesund waren.

Erst zwei Jahre nach Gründung des Vereins kam die erste Diakonisse 1876, Sophie Rossnagel aus Karlsruhe, nach Frankfurt. Es folgten bald darauf Sophie Hurter, Martha Keller (beide aus der Schweiz) und Luise Schmidt. Sie und die nachfolgenden Diakonissen, die nach Frankfurt kamen, wurden in der Wohnung der Pastorenfamilie Eilers, Großer Kornmarkt 4, untergebracht. Sophie Roßnagel, die pflegerische Erfahrungen mitbrachte, leitete zunächst die jungen Frauen in der Krankenpflege an. Ab 1883 wurden die Schwestern dann für die Ausbildung zur Krankenpflege nach Berlin geschickt. Auch das musste erst organisiert werden. Hier konnten sie zum Preis von 125 Reichsmark innerhalb von drei Monaten eine Ausbildung in der Charité, dem Augusta-Hospital oder dem Städtische Krankenhaus Friedrichshain erhalten. Pastor Carl Weiß, einer der Mitbegründer und erster Präsident des Bethanien-Vereins, war dort als Pastor stationiert und kümmerte sich aufopfernd um die Betreuung der Schwestern. Die jungen Diakonissen wurden von ihm nicht nur geistlich betreut, auch Unterkunft und Verpflegung mussten in Berlin gewährleistet sein. Er hatte bis dahin schon einige soziale Projekte ins Leben gerufen wie z. B. eine Armenspeisung in der „Ackerstraßenmission" in Berlin-Mitte. In kirchlichen Kreisen war er dadurch kein Unbekannter mehr. Neben der Ausbildung waren die Schwestern mit Hilfe von Carl Weiß auch in sozialen Einrichtungen und in der Privatpflege tätig, wodurch sie ihren Lebensunterhalt finanzieren konnten. Unterstützung von außen gab es zunächst nur von den Pastoren, die 1874 bei der Gründung des Vereins ihre Hilfe zugesagt hatten. Carl Weiß wurde von den Schwestern als „Vater des Diakonissenwerks" bezeichnet und war ein unermüdlicher Mann im Dienst für die Schwestern und viele Hilfebedürftige. Sein Gesundheitszustand war nicht der Beste. Als er mit 42 Jahren 1883 auf einer Dienstreise in Frankfurt verstarb, waren die jungen Diakonissen und Kollegen tief betroffen. Die Beerdigung fand mit großer Anteilnahme statt.

Die Lebensbedingungen waren äußerst schwierig. Die Schwestern erlebten dennoch manche Unterstützung von denen, die ihre Hilfe in Anspruch nahmen und sahen das als eine Gebetserhörung und gnä-

Frankfurt a.M., Großer Kornmarkt 4 - um 1900

Erster Wohnsitz der Schwestern im Pastorenhaus
der Familie Eilers

Pastor Carl Weiß um 1880

dige Führung Gottes an. Dass man es trotz der spärlichen finanziellen Mittel wagte, die jungen Schwestern in Krankenpflege ausbilden zu lassen, erwies sich für die weitere Entwicklung des Diakoniewerks als ein wesentlicher Beitrag.

In den damals vorhandenen öffentlichen Krankenhäusern war das Pflegepersonal nicht ausgebildet. Die Männer und Frauen, die diese oft sehr schlecht bezahlte Arbeit taten, waren lediglich Hilfskräfte ohne fachliche Kompetenz. Ein Teil der Ärzte war deshalb sehr an dem Dienst der Diakonissen interessiert, weil sie durch die Ausbildung medizinische Kenntnisse mitbrachten und sich auch mit Hygiene und Wundbehandlung gut auskannten. Das war ein Grund, weshalb Ärzte und wohlhabende Bürger immer wieder die Unterstützung von Diakonissen anforderten und zugleich den Zugang zu Menschen aus unterschiedlichsten Schichten in den Städten Frankfurt, Berlin und Hamburg ermöglichten. Die bei Wohlhabenden erwirtschafteten Einnahmen dienten dem Lebensunterhalt der Schwestern und ermöglichten die Pflege von Menschen, die

Sophie Hurter um 1883
Oberin in Hamburg 1894–1922

Sophie Hurter um 1920

keine Mittel hatten den Dienst zu vergüten. Eine der ersten Schwestern, Sophie Hurter aus der Schweiz, hat folgenden Bericht aus der Anfangszeit in Frankfurt hinterlassen:

„Als ich am 9. September 1879 eintrat, holte mich die Oberschwester Sophie Roßnagel am Bahnhof ab, wofür ich sehr dankbar war. In unserem Heim angekommen, waren wir nur unser zwei, sie und ich als die Jüngste. Gleich am anderen Morgen bekam ich die Schwesternkleidung. Es war die weiße Haube, ein weißer Kragen und eine Pelerine zu einem passenden Kleid, das ich mitgebracht hatte. Es war zu Anfang des Bethanien-Vereins Bestimmung, dass die eintretende Schwester für ihre ganze Kleidung selbst aufkam. Außerdem musste sie ein Bett mitbringen oder ein solches nach ihrem Eintritt anschaffen und auch das Geld für einen Kursus selbst bezahlen."

Und weiter ist zu lesen:

„So kam es, dass wir bei meinem Eintritt nur ein Schlafzimmer mit drei Betten für die sechs Schwestern hatten. Ich kam als 7. dazu. Die Oberschwester hatte

Martha Keller um 1880
Oberin in Frankfurt am Main 1882–1913

Martha Keller um 1910

ein Zimmer, außerdem hatten wir noch ein Empfangszimmer. Am 10. September kamen zwei Schwestern aus ihren Pflegen heim und somit waren alle Betten gleich besetzt. Von 1876–1882 wurde es so gehalten, dass alle Einnahmen für geleistete Pflegen in eine gemeinsame Kasse flossen, woraus das Geld für Beköstigung der Schwestern, die daheim waren, sowie Miete etc. entnommen wurde. Der Überschuss wurde am Ende eines jeden Jahres an die Schwestern verteilt und zwar in der Weise, dass auf das erste Vierteljahr kein Anteil entfiel. Ein Bett aufstellen konnte man nur, wenn Platz genug dafür vorhanden war."

Eine weitere Schwester aus dieser Zeit war Martha Keller, die später die erste Oberin in Frankfurt wurde. Sophie Hurter wurde die erste Oberin in Hamburg. Beide stammten aus der Schweiz.

Der Beginn in Hamburg

Der damalige Hamburger Pastor Frischkorn und seine Frau hatten ein an Diphterie erkranktes Kind und die Familie brauchte dringend Unterstützung, weil die Mutter von der Pflege des Kindes sehr erschöpft war. So fragte er 1878 per Telegramm in Frankfurt an, ob nicht eine Diakonisse kommen könne, um der Mutter bei der Pflege zu helfen. Dass dieser Hilferuf per Telegramm geschah, zeigt die Dringlichkeit des Anliegens der Familie an. Luise Schmidt, die gerade ihre Tätigkeit in Frankfurt begonnen hatte, wurde nach Hamburg entsandt. Als sie nach einer langen Bahnfahrt am Ende des Jahres in Hamburg ankam, war das Kind bereits gestorben. Die Mutter war gesundheitlich so geschwächt, dass Schwester Luise sie auf Anraten des behandelnden Arztes, Dr. Prausnitz, pflegen sollte. Dieser war von der Tätigkeit der Diakonisse so beeindruckt, dass er sie um weitere Pflegedienste in seinem Patientenkreis bat. Dadurch konnte für alle Schwestern der Lebensunterhalt finanziert und auch Kranken geholfen werden, die nicht in der Lage waren, etwas dafür zu bezahlen. Als die Nachfrage nach dem Dienst von Diakonissen immer größer wurde, schickte der Frankfurter Vorstand weitere Schwestern nach Hamburg. Die große Nachfrage nach Diakonissen in dieser Stadt wurde als ein Fingerzeig Gottes gesehen. So benannte 1879 der Frankfurter Vorstand offiziell Hamburg als die erste „Außenstation" des noch jungen Bethanien-Vereins.

Der Anfang in Hamburg spielte sich sehr ähnlich wie in Frankfurt ab. Schwester Luise fand zunächst eine Unterkunft bei der Pastorenfamilie Frischkorn. Ein Zimmer wurde kurzerhand zur Verfügung gestellt. Durch die nachfolgenden Schwestern aus Frankfurt wurde die Situation aus Platzgründen allerdings mehr und mehr unerträglich. In der Bevölkerung hatten die Schwestern einen so guten Ruf, so dass sich ein Freundeskreis bildete, der in der kleinen Methodistengemeinde seinen Anfang nahm. Der inzwischen gut angewachsene Freundeskreis veranstaltete 1886 einen Wohltätigkeitsbasar, dessen Erlös den Schwestern zum Kauf eines eigenen Hauses zur Verfügung gestellt werden sollte. Am Grindelberg wurde für die Hamburger Schwesternschaft dann bald das erste „*Schwesternheim mit großer Freude und Dankbarkeit bezogen*". Man empfand diesen Schritt als

Gemeindehaus mit Wohnhaus (re) Kleiner Kirchenweg Nr. 10

Luise Schmidt, erste Diakonisse in Hamburg   Hamburg um 1878 Wohnhaus für den Pastor

einen Segen Gottes, der all die Mühen der Schwestern und auch ihre Gebete auf diese Weise belohnte. Hamburger Ärzte und auch hohe Beamte der Stadt Hamburg hatten den Dienst der Diakonissen bald zu schätzen gelernt. 1886 wurde deshalb der Bethanien-Verein durch ein Dekret der Stadt als „wohltätige Anstalt" anerkannt und der Verein bekam damit die Rechte einer juristischen Person. Das war für die Hamburger Außenstelle ein großer Schritt, der große Dankbarkeit sowohl in Hamburg als auch in Frankfurt hervorrief. Man deutete dies als von Gott geöffnete Türen und Bestätigung Gottes für die Gründung des Bethanien-Vereins 1874. In einem Jahresbericht aus jener Zeit heißt es:

„Der Gott, der Wolken Luft und Winden gibt Wege, Lauf und Bahn, bahnte auch hier den Weg für den gesegneten Dienst des Vereins."
(Nach einem Lied von Paul Gerhard)

1892 wurde die Schwesternschaft mit einer großen Herausforderung konfrontiert. Die Cholera in Hamburg forderte unzählige Opfer

Erstes Mutterhaus Hamburg 1886, Grindelberg 15 a

unter der Bevölkerung. Die Schwestern taten in dieser Zeit einen unschätzbaren Dienst der Nächstenliebe an den Erkrankten und deren Familien. In Zusammenarbeit mit bereits vorhandenen städtischen Einrichtungen taten die Schwestern buchstäblich Tag und Nacht ihren Dienst. Auch der hohe Senat der Freien und Hansestadt Hamburg nahm Kenntnis von diesem Engagement und ehrte die Schwestern mit einer Urkunde, worüber sich das Diakoniewerk mit seinen Schwestern freute und auch ein bisschen stolz war. Leider fiel eine Diakonisse selbst der Cholera zum Opfer, was sehr große Trauer auslöste. Der Text der Urkunde lautet:

„Das Krankenhauskollegium der Freien und Hansestadt Hamburg dankt der Diakonissenanstalt Bethanien für die selbstlose und hingebende Hilfe, welche die Schwestern während der Choleraepidemie des Jahres 1892 in den Hamburgischen Heilanstalten geleistet haben.
Hamburg im Oktober 1892
Der Präses: Senator Dr. Lappenberg"

Bemerkenswert ist auch die Tätigkeit von sogenannten „Fabrikdiakonissen". Aus Hamburg wird berichtet, dass der erfolgreiche Unternehmer, Heinrich Traun, den Bethanien-Vorstand Anfang der neunziger Jahre bat, für seine Arbeiter und deren Familien eine Diakonisse bereit zu stellen, was auch geschah. Der Name dieser Schwester ist leider unbekannt. Eine weitere Diakonisse, Anna Blickensdörfer, war in einer Harburger Fabrik tätig. Im Jahresbericht des Bethanien-Vereins von 1896 ist über den Dienst dieser Schwestern zu lesen:

„Beide Schwestern besuchen und pflegen, wo es erwünscht wird, die erkrankten Arbeiter, nehmen sich in Krankheitsfällen der Frauen und der Arbeiter an und lassen sich namentlich die Pflege der alten Witwen und altersschwachen Arbeiter angelegen sein. Nebst der genannten Arbeit haben beide Schwestern noch eine Näh- und Strickschule, wo sie bei Unterweisung der Handarbeiten manch Saatkorn für die Ewigkeit ausstreuen können. Auf Weihnachten sind sie die Vermittlerinnen der Geschenke für die Witwen und Waisen und bringen damit manch Sonnenstrahl in das Erdenleben ihrer Pflegebefohlenen."

Das hört sich bis hierher recht beschaulich an. Aber ganz so beschaulich war es nicht immer. Es wird auch in einem Bericht erwähnt:

„Sie sehen das Elend der Menschen in der krassesten Form, stoßen aber auch hier und da auf eine gewisse Verschlagenheit, durch welche sie versucht werden, sich einfach von solchen Personen zurückzuziehen. Eine dieser Schwestern hat sich bei den Täuschungen, denen sie ausgesetzt war, daran erinnert, dass Gott in seinen Liebensbeweisen auch nicht ermüde und bemerkte: ‚Gott versorgt so manchen Wicht, – es reut mich nicht.‘.“

Auch an Weisheit und Humor mangelte es bei so mancher Schwester nicht.

Das Mutterhaus – die neue Heimat der Schwestern

Die bescheidene Unterkunft in Frankfurt, „Großer Kornmarkt 4",
war nun das erste „Mutterhaus", wie man es nannte. An ein eigenes
Haus war in Frankfurt selbstverständlich noch nicht zu denken. Man
muss sich vergegenwärtigen, dass die jungen Frauen ihre Heimat
verlassen hatten und nun in einer für sie sehr fremden Umgebung
lebten, dazu noch in einer Großstadt. Viele kamen aus ländlichen
Gegenden und hatten sich auf den Weg in eine ungewisse Zukunft
gemacht. Der Vorstand war sich im Klaren darüber, dass man den
jungen Frauen nicht nur geistlichen Halt geben musste, sondern
auch eine neue irdische Heimat. Weil es sich ausnahmslos um junge
Frauen handelte, nannte man die neue Heimat, in der sie zusammen
leben konnten: **Mutterhaus.** Diese Bezeichnung wurde auch von
Theodor und Friederike Fliedner und bereits vorhandenen anderen
Schwesternschaften in Deutschland benutzt und die Bezeichnung
„Mutterhaus-Diakonie" bürgerte sich ein. Manchmal wurde die
Schwesternunterkunft auch „Schwesternheim" genannt. Aber offiziell
sprach man immer vom „Mutterhaus," was die gesamte Einrichtung
und Organisationsform der Mutterhaus-Diakonie bezeichnete.

Der Vorstand beauftragte im April 1876 die erste Schwester,
Sophie Roßnagel, mit der Leitung des Mutterhauses. Sie musste die
Verantwortung und Fürsorge für die Schwestern übernehmen. Man
nannte dieses Amt: **Oberin.** Die Neuankömmlinge mussten von der
Oberin in die Aufgaben und Gebräuche der Lebens- und Dienst-
gemeinschaft eingeführt werden, und sie war auch für alle weiteren
Angelegenheiten des Lebens und Arbeitens zuständig. Die Schwes-

Erstes Mutterhaus in Frankfurt mit Krankenhaus 1883
Gaußstraße 16

tern waren der Oberin und dem Vorstand gegenüber zum Gehorsam
verpflichtet. Die Oberin war sozusagen wie eine Mutter für die
Schwestern. Von daher erklärt sich die Bezeichnung der Schwestern:
„Töchter des Mutterhauses". Die Oberin war auch das Bindeglied
zwischen Vorstand und Schwesternschaft in allen Angelegenheiten,
die den Dienst und das tägliche Leben der Diakonissen betraf. Sie
war zusammen mit den männlichen Mitgliedern des Vorstands für
die Leitung des Werkes verantwortlich, was sich bewährte. Sophie
Hurter beschreibt in ihren Erinnerungen die Zusammenarbeit zwischen Vorstand und der Oberin Sophie Roßnagel als *denkbar son-
nigste Stimmung*. Dass die Oberin und Vorstand zusammen das
Werk zu leiten hatten, war hier selbstverständlich, während Frauen
in Leitungsfunktionen sonst noch nirgendwo zu finden waren.

Das Mutterhaus war ein Ort der Geborgenheit. Hier wohnten die
Schwestern, hier hatten sie Gemeinschaft, hier wurden wichtige Entscheidungen getroffen, hier konnten sie Hilfe in Krankheitstagen

bekommen, hier war ihre neue geistliche und irdische Heimat. Für den oft entbehrungsreichen Dienst brauchten sie unbedingt einen solchen Ort. Sie brauchten aber auch geistliche Kraftquellen. Dazu gehörten der regelmäßige Gottesdienst, das Gebet, das Abendmahl, gute Kenntnisse der Bibel und natürlich auch die Gemeinschaft untereinander. Bis heute spielen diese Kraftquellen eine wichtige Rolle und auch die heutigen Schwestern im Ruhestand nutzen sie um ihren Alltag besser meistern zu können. Es dauerte auch in Frankfurt nicht lange, bis treue Unterstützer der Diakonissen dafür sorgten, dass ein eigenes Haus erworben werden konnte, in dem auch Zimmer für die Behandlung und Pflege von Patienten eingerichtet wurden.

Alma Wende berichtet von ihrem Eintritt ins Mutterhaus Hamburg:

„An einem wunderschönen Augustnachmittag im Jahr 1910 erfüllte sich für mich in Hamburg ein Herzenswunsch: ich darf in das Diakonissenmutterhaus Bethanien eintreten. Wie würde man mich in Bethanien empfangen, welch neuen Lebensabschnitt beginne ich? Von meiner Entscheidung bin ich überzeugt: ich will verfügbar sein für Christus. In keinem Augenblick zweifle ich daran, dass er mich braucht. ‚Das ist aber gut, dass du kommst'. Mit diesen Worten empfängt mich Oberin Sophie Hurter an der Haustür. Drei weitere junge Mädchen warten auf mich. Wir essen zusammen erst einmal tüchtig Kuchen, den Schwester Rosalie gebacken hatte."

Sie beschreibt aus ihrer Dienstzeit folgendes Ereignis:

„Der Heilige Abend 1913 wird mir immer in Erinnerung bleiben. Um 17:00 Uhr erhielt ich einen Pflegeauftrag: Magenbluten eines Hausherrn in einer Hamburger Patrizierfamilie. Als ich das Haus betrete, ist kein Weihnachtsschmuck zu sehen. Er war aufgrund der plötzlichen Erkrankung weggeräumt worden. Nachdem ich den Kranken versorgt hatte, fragte ich nach dem Weihnachtsschmuck und er wurde wieder hervorgeholt. Dann erzählte ich von unseren schönen Weihnachtsbräuchen im Erzgebirge und wir sangen gemeinsam einige bekannte Weihnachtslieder. Noch lange Jahre erhielt ich von der Familie Einladungen und Grüße. In der Krankenpflege lernte ich besonders deutlich, dass Seelsorge und Mut genauso wichtig sind wie die medizinische und pflegerische Versorgung."

Schwester Alma Wende 1917

Schwester Alma Wende 1979 mit 90 Jahren

Eine Hamburger Schwester hat in jenen Jahren ein Gedicht über die Bedeutung des Mutterhauses geschrieben, das die Gefühlswelt und Situation der damaligen Diakonissen widerspiegelt:

Kennt ihr das Haus, das allen Schwestern
So lange schon das Liebste ist?
Wir kennen es nicht erst seit gestern
Und unser Herz es nie vergisst.
O Mutterhaus, du bist so schön,
Wenn wir dich nur von Ferne seh'n,
Wer hier als Kind geht aus und ein,
Für den kann es die rechte Heimat sein.

Kennt ihr das Band der Schwesternliebe,
Das alle so verbunden hält?
Ob es sei heiter oder trübe,

Es bietet Schutz uns in der Welt.
Das Mutterhaus uns alles gibt,
Und nirgends wird man so geliebt;
Wir gehen gern hier ein und aus
Und lieben dich, du treues Mutterhaus.

Vielleicht ist uns dieses Gedicht heute zu romantisch. Aber es spiegelt das Erleben vieler Diakonissen aus jener Zeit wider, die im Mutterhaus von Anfang an – auch unter sehr schwierigen Verhältnissen – Halt und viel Gutes erlebt haben. Davon haben die Schwestern natürlich auch in Kirchen bei Gemeindebesuchen berichtet. Auf diese Weise gab es immer wieder junge Frauen, die vom Wirken der Diakonissen hörten und beeindruckt waren. So haben sich dann, vom Glauben motiviert, etliche dem Dienst der Nächstenliebe zur Verfügung gestellt. In Frankfurt und Hamburg gab es 1899 beim 25. Jahresfest (Jubiläum) knapp mehr als 200 Diakonissen. Das stellte das junge Werk vor große Aufgaben, denn die Schwestern mussten schließlich untergebracht und versorgt werden.

Ein Krankenhaus mit Mutterhaus entsteht in Hamburg

Als sich durch den Zulauf weiterer Schwestern herausstellte, dass das Schwesternheim am Grindelberg in Hamburg zu klein wurde, veranstaltete der Freundeskreis 1889 und 1893 weitere große Wohltätigkeitsbasare und die Stadt Hamburg stellte für ein neues Schwesternheim mit eigenem Krankenhaus ein großes Grundstück in der Martinistraße zur Verfügung. Zum neuen Krankenhaus und Mutterhaus gehörte eine eigene Kapelle. Schließlich lebten die Schwestern in einer Glaubens- und Dienstgemeinschaft. Das geistliche Leben, mit Gottesdienst, Andacht und Gebet, gehörte zum Tagesablauf dazu. Aus diesem Glauben schöpften die Schwestern die Kraft zur Opferbereitschaft und zum Dienst am Mitmenschen. Das wurde in der Umgebung wahrgenommen und hat tiefe Spuren in der Bevölkerung hinterlassen. Nicht wenige haben durch den Dienst der Schwestern zu einem lebendigen Glauben gefunden und sind treue Christen und Gemeindeglieder geworden.

„So soll euer Licht leuchten vor den Menschen, dass sie eure guten Werke sehen und euren Vater im Himmel preisen." (Bergpredigt)

In einem großen Festakt wurde 1893 das neue Krankenhaus mit Mutterhaus und Kapelle in Hamburg eingeweiht. Das Mutterhaus war direkt an das Krankenhausgebäude angegliedert.

EINLADUNG

zur

Einweihung

des

Krankenhauses und Schwesternheims

„Bethanien"

Schwesternheim an der Frickestrasse

Krankenhaus an der Martinistrasse

in **Hamburg-Eppendorf**, Ecke der Martini- und Frickestrasse,

am

Donnerstag, den 14. September 1893

Nachmittags 3 Uhr.

DRUCK V. C. ADLER.

Fortschritt anno 1893: Die Windmühle auf dem Dach pumpte das Grundwasser nach oben.

Die Vorderansicht des neuen Krankenhauses in Hamburg mit windgetriebener Wassermühle

Das Innere der Anstaltskapelle.

Die Mutterhauskapelle (hier „Anstaltskapelle" genannt)

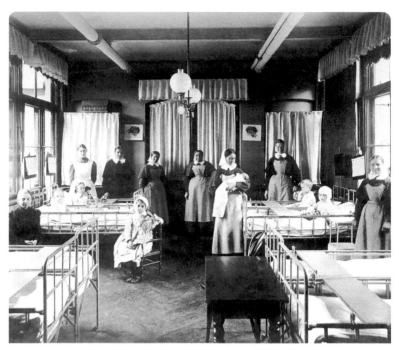

Ein großzügiger, heller Raum: die Kinderstation um die Jahrhundertwende

Die Kinderstation im neuen Krankenhaus

Die eigene Kapelle war für die Schwestern ein großes Geschenk. Eine Schwester schreibt dazu:

„Das gemeinsame Hören des Wortes und die Abendmahlsgemeinschaft verbinden uns untereinander … Weil Christus uns angenommen hat und trotz unserer Mangelhaftigkeit immer wieder annimmt, nehmen wir auch den anderen in seiner Berufung ernst und suchen ihm auf mancherlei Weise den Mut und den Willen zur Nachfolge zu stärken."

Mit diesem Schritt begann in Hamburg eine neue Ära, die Schwesternschaft war fester Bestandteil des öffentlichen Lebens in Hamburg geworden. Unzähligen Menschen wurde Hilfe in dem neuen Krankenhaus zuteil.

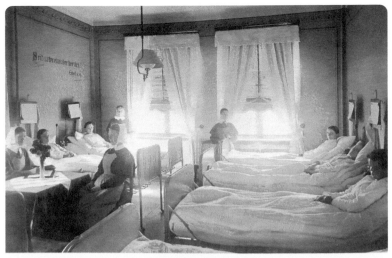

Ein Krankensaal im Jahr 1893

Krankensaal 1893

Ärztekollegium in der Pause:
v. l. die Doktoren Nevermann, Bieling, Bonhoff und Plate

Das Ärztekollegium um 1920

Alter Speisesaal Hamburg 20iger Jahre

Ein eigener Speisesaal für die Schwestern

Die Entwicklungen der Anfangszeit konnte niemand voraussehen. Sie brachten auch viele Herausforderungen mit sich. So war der Zulauf an jungen Frauen um die Jahrhundertwende beachtenswert. Im Vorstand und im Mutterhaus legte man großen Wert darauf, dass die Schwestern nicht nur wegen der Aussicht auf eine Ausbildung kamen oder weil sie sich bessere Lebensbedingungen als in ihrer Heimat erhofften. So erlebte man in diesen Jahren viele Eintritte, aber auch so manchen Austritt aus der Schwesternschaft. In der Regel waren die ausgetretenen Schwestern kaum ein Jahr im Dienst. Das war für das Mutterhaus eine schwierige Situation. Die Nachfrage nach Schwestern war groß und man hätte zugunsten der Expansion manchen Kompromiss schließen können. Aber Bethanien war kein Wirtschaftsunternehmen und auf Expansion bedacht, sondern ein Glaubenswerk. Dass dies so blieb, war der neuen Oberin Sophie Hurter in Hamburg und der Oberin Martha Keller in Frankfurt mit ihren Schwestern und dem damaligen Vorstand zu verdanken. Die Folge daraus war, dass ein chronischer Schwesternmangel herrschte und die vorhandenen Schwestern oft über ihre Belastungsgrenzen hinaus gefordert waren.

Das erste Erholungsheim

Eine weitere Herausforderung war die große Arbeitsbelastung der Schwesternschaft, die auch in gesundheitlicher Hinsicht Spuren hinterließ. So kam man bald zu der Überzeugung, dass man diakonisch tätigen Frauen auch selbst diakonische Betreuung schuldig war. Eine Oberin schreibt dazu im Jahr 1923 (frei zitiert): *um die Berufsfreudigkeit einer Schwester zu erhalten müsse sie ihr geistliches leben genauso pflegen wie ihr Gemütsleben und ihren Leib.* Der Schluss, der schon früh daraus gezogen wurde, war der Erwerb eines eigenen Erholungsheimes für Schwestern. Der Freundeskreis und die Hamburger Bürgerschaft waren diesem Gedanken gegenüber sehr offen und man überlegte sich, wie man die Mittel für ein solches Vorhaben aufbringen könnte. In der Jubiläumsschrift zum 75. Jubiläum des Diakoniewerkes (1879–1954) wird berichtet:

„Wieder war es das Entgegenkommen der Freien und Hansestadt Hamburg, die in Volksdorf, Farmsener Landstraße, einen Bauplatz kostenlos zur Verfügung stellte. Nachdem ein von vielen Freunden unterzeichneter Aufruf zur Sammlung von Liebesgaben für das Erholungsheim die Summe von 83 769,– Mark eingebracht hatte und noch andere Summen in Aussicht gestellt wurden, konnte im April 1902 mit dem Bau begonnen werden, und nach Fertigstellung am 26. Mai 1903 konnte das Erholungsheim schuldenfrei eingeweiht werden.“

Dieser Schritt war ein Novum im Bereich der arbeitenden Bevölkerung. Heute ist hin und wieder zu hören, die Diakonissen seien ausgebeutet worden. Aus der Sicht der damaligen Zeit ist das keineswegs so empfunden worden. Die Schwestern freuten sich über dieses Erholungsheim über alle Maßen. Es war für sie auch

Erholungshaus des Bethanien-Vereins in Volksdorf bei Hamburg.

Gartenhäuschen vom Feierabendhaus · Hamburg 1926

ein Zeichen großer Wertschätzung für ihren oft aufopferungsvollen Dienst. In Relation zu den Arbeitnehmern der damaligen Zeit war es zudem ein großer Luxus, ein eigenes Erholungsheim zur Verfügung zu haben. Die arbeitende Bevölkerung kannte um die Jahrhundertwende weder Urlaub noch so etwas wie einen Kuraufenthalt zur Regenerierung der Arbeitskraft. Für die kleine Erholung im Alltag wurde auf dem Gelände in der Martinistraße ein Gartenhäuschen eingerichtet.

Lebensbedingungen einer Diakonisse

Natürlich wurden die jungen Frauen nach ihrem Eintritt ins Mutterhaus nicht gleich Diakonisse im Vollsinn. Sie mussten allerdings schon beim Eintritt ins Mutterhaus die *„Aufnahmebedingungen und Bestimmungen für die Schwesternschaft"* unterschreiben. Darin waren die Voraussetzungen des Dienstes einer Diakonisse beschrieben, wie Glaubenshaltung, Berufungsgewissheit, die Bereitschaft sich im Mutterhaus ein- und unterzuordnen und der Verzicht auf Lohn. Sie bekamen wenige Monate nach dem Eintritt die Diakonissenkleidung. Diese „Einkleidung" war ein festlicher Gottesdienstakt, der in der Regel in der Heimatgemeinde der „Probeschwester", wie sie genannt wurde, stattfand. Es folgte die Schwesternausbildung, die mit dem Examen und Überreichung der Brosche gefeiert wurde. Diese Ausbildung fand in Hamburg seit 1910 in der eigenen staatlich anerkannten Krankenpflegeschule statt. In Frankfurt wurde bereits 1885 eine eigene Krankenpflegeschule eröffnet, die 1908 staatlich anerkannt wurde.

Insgesamt betrug die Probezeit bis zur Einsegnung in der Regel sechs Jahre. In dieser Zeit wurde der Probeschwester eine „Probemeisterin" zur Seite gestellt. Diese war eine erfahrene Diakonisse, welche die Aufgabe hatte, die junge Schwester in alle Belange einzuführen und zu begleiten.

Nicht wenige Schwestern berichten, dass sie ihrer auch sogenannten „Schülerinnenmutter" viel zu verdanken hatten. Durch sie konnten sie auch die ersten schweren Jahre der Eingewöhnung und vielfältigen Herausforderungen bestehen. Das Mutterhaus mit seiner

Examen Hamburg 1916

Oberin und der Vorstand entschieden darüber, wann eine Schwester eingesegnet wurde. In einem Festgottesdienst fand die Einsegnung statt und sollte *ein unvergessliches Ereignis für die Schwester* sein. Gehorsam, Willigkeit und Treue einer Diakonisse wurden im Akt der Einsegnung noch einmal betont und dafür der Segen Gottes erbeten. Diese christlichen Tugenden waren immer die Grundvoraussetzungen für eine Diakonisse. Mit der Einsegnung verpflichtete sich das Diakoniewerk seinerseits die Schwestern „*in Tagen der Gesundheit, Krankheit, Arbeitsunfähigkeit und im Alter zu versorgen, sofern dieselben nicht ihren Dienst zum Verein lösen oder aus dem Verein entlassen werden müssen.*" (Zitat aus: Aufnahmebedingungen und Bestimmungen für die Schwesternschaft des Bethanien-Vereins in Punkt IV. Abs. 5). Inzwischen gehört zur Versorgung der Schwestern auch eine eigene Kranken- und Rentenversicherung. So ist gewährleistet, dass auch im Falle des Austritts die Diakonisse ihren Lebensunterhalt im Alter bestreiten kann.

Der Dienst der Schwestern forderte viel an Geduld, körperlicher und seelischer Kraft. Wie bereits geschildert hatte man in Hamburg

Schwesternschülerinnen in der Ausbildung

bereits für ein Erholungsheim gesorgt. Dem Vorstand in Frankfurt war klar, dass auch hier ein Erholungsheim dringend nötig war. Wer anderen dient, darf auch selbst Dienst in Anspruch nehmen. So ist in der Berufsordnung für Diakonissen aus dem Jahr 1935 auf Seite 89 zu lesen:

„Eine Schwester muss Sonne im Herzen haben; nur so kann sie denen, die auf der Schattenseite des Lebens wohnen, ein Sonnenschein sein."

Bald gab es auch für die Frankfurter Schwestern Erholungshäuser in Neuenhain, Baden-Baden und Königstein, in denen sie Urlaub machen konnten, um sich zu regenerieren. Dazu gehörten Freizeitaktivitäten, wie Ausflüge, Wanderungen und auch geistliche Betreuung durch Pastoren der Kirche. Die Heime wurden von Diakonissen geleitet, die eigens für diesen Dienst bereitgestellt wurden. Während der Erholungszeiten kam es zu zahlreichen Kontakten zwischen Schwestern aus den verschiedenen Einsatzorten, was das Leben sehr bereicherte. Auch lebenslange Freundschaften entstanden auf diese Weise und der Zusammenhalt der Schwesternschaft wurde gestärkt.

Schwesternurlaub an der Ostsee

Der Tag im Mutterhaus wurde oft schon um 5:00 Uhr mit einer Andacht begonnen. Dabei wurde ein kurzer Bibeltext mit wenigen Worten ausgelegt, gesungen und gebetet. Die Bethanien-Direktoren waren stets Pastoren der Methodistenkirche und hatten die geistliche Verantwortung für das Mutterhaus. Selbstverständlich gehörte der sonntägliche Gottesdienst ebenso zum Leben einer Diakonisse wie das regelmäßige Studium der heiligen Schrift in den sogenannten Bibelstunden, die in der Regel an Wochentagen zu unterschiedlichen Zeiten stattfanden.

Im Fall einer familiären Verpflichtung konnte das Mutterhaus eine Abwesenheitserlaubnis für eine begrenzte Zeit erteilen, in der die Schwester das Mutterhaus verlassen konnte. Dazu gehörte in der Regel die Pflege kranker Eltern oder eines Elternteils.

Im Falle des Austritts einer Diakonisse mussten alle zur Verfügung gestellten Gegenstände, einschließlich der vom Mutterhaus bereit-

Frankfurter Diakonissen im Urlaub um 1960

gestellten Kleidung, abgegeben werden. Eine Entlassung durch das Mutterhaus setzte schwerwiegendes Fehlverhalten voraus und kam selten vor.

Im Sterbefall einer Diakonisse ist das Mutterhaus bis heute verpflichtet alle notwendigen Schritte einzuleiten, die Beerdigung durchzuführen und anfallende Kosten zu bezahlen.

Um für den Nachwuchs in der Schwesternschaft zu werben, unternahmen die Oberinnen sowohl von Hamburg als auch von Frankfurt aus mit einigen Schwestern regelmäßig Gemeindebesuche, die für die betreffenden Gemeinden immer ein Höhepunkt waren. Solch ein „Schwesternbesuch" an sogenannten „Diakoniesonntagen" zog viele Gemeindeglieder und Fremde an, wodurch der christliche Glauben und das diakonische Handeln auch in den Gemeinden gefördert wurden. Die anwesenden Diakonissen berichteten von ihrem Alltag, ihren besonderen Erlebnissen und sprachen von ihrem Glauben. Das hatte nicht selten zur Folge, dass sich junge Frauen so sehr

Basar in Hamburg 2008   Basar in Frankfurt 2004

von dem Geist, den die Schwestern ausstrahlten, angezogen fühlten, dass sie sich um Aufnahme ins Mutterhaus bewarben oder auch eine Ausbildung in der Krankenpflegeschule begannen, ohne selbst Diakonisse werden zu wollen.

Viele Jahre gehörte der sogenannte Basar zum Leben der Schwestern. Hier wurden von den Schwestern selbstgemachte Artikel für den täglichen Gebrauch ebenso angeboten wie gespendete Artikel. Natürlich durfte auch die leibliche Versorgung der Gäste nicht fehlen. Selbstgebackener Kuchen und ein Imbiss haben immer auch viele Gäste und Nachbarn angelockt. Bis in die jüngere Vergangenheit hinein haben Schwestern große Basare veranstaltet und damit andere diakonische Projekte und auch die Mission und Entwicklungshilfe in anderen Ländern mit erheblichen Geldbeträgen unterstützt. Die Öffentlichkeit nahm daran stets großen Anteil.

Diakonisse Elisa Unger

Schwester Elisa kommt aus dem Erzgebirge. Sie wuchs in einer christlichen Familie auf. Bei Ihrer Geburt sagte die Hebamme: „Das Kind hat musikalische Ohren." Wie es zu dieser Aussage kam, ist nicht zu erklären. Bereits mit sieben Jahren bekam Schwester Elisa Klavierunterricht, anschließend Orgelunterricht. Da lag es nahe, sie als Musikerin ausbilden zu lassen. Bald stellte sie aber fest, dass in ihrem Herzen noch ein anderer Wunsch lebendig war. Sie liebte Kinder und dachte daran, sich als Kinderkrankenschwester ausbilden zu lassen. So lebte sie in ihren jungen Jahren gewissermaßen mit zwei Seelen in ihrer Brust.

Frage: „Was sagen sie heute im Rückblick dazu, dass sie sich nicht zu einer hauptberuflichen Musikerin haben ausbilden lassen, sondern Diakonisse geworden sind?"

Schwester Elisa: „Ja, meine damalige Kantorin wollte gerne aus mir eine Musikerin machen. Aber Sie konnte mir ja nicht ins Herz schauen. Mein Herz schlug mehr für die Kinderkrankenpflege. Im Rückblick denke ich noch heute: Warum das eine tun und das andere nicht lassen? Ich bin heute immer noch dankbar, den Weg in die Diakonie gegangen zu sein – und trotzdem Musik machen zu können."

Schwester Elisa hat dann schließlich in unserem Bethanien-Krankenhaus in Leipzig (damalige DDR) von 1969 bis 1972 eine Ausbildung zur Krankenschwester erhalten. Während dieser Zeit traf sie auf musikbegabte Mitschülerinnen, die unterschiedliche Instrumente spielten. Was lag da näher als gemeinsam Musik zu machen? „Ja", sagt sie heute, „die Musik hat mich niemals losgelassen."

Schwester Elisa war mit Begeisterung Krankenschwester – sowohl auf der Kinderstation als auch unter Erwachsenen. Oft trällerte sie ein fröhliches Lied während der Arbeit auf Station. Mancher Patient schmunzelte und vielen tat die fröhliche Art gut. Auch lernte sie die Diakonissen in ihrem Dienst kennen. Aber die Entscheidung selbst als Diakonisse zu leben fiel erst später.

Während einer Evangelisation in Leipzig erlebte sie eine innere Berufung Diakonisse zu werden. 1976 entschloss sie sich mit 24 Jahren dazu. Diesen Schritt hat sie nie bereut. Eine Bestätigung erhielt sie Jahre später von ihrer Mutter. Sie erzählte ihr, wie sie lange auf ein Kind gewartet hatte und schließlich im Gebet zu Gott sagte: „Wenn Du mir ein Kind schenkst, so will ich es dir später wiedergeben." Sie wollte damit zum Ausdruck bringen, wie dieses Versprechen durch die Entscheidung ihrer Tochter eingelöst wurde. Heute sagt Schwester Elisa: „Somit war für mich klar, dass das mein Weg war." Sie leitete als Diakonisse dreizehn Jahre eine Station. Auch der Schwesternchor lag ihr sehr am Herzen, und die Patienten waren für musikalische Beiträge sehr dankbar. Es war damals üblich, dass der Schwesternchor auch auf den Stationen sang.

Frage: „Wenn sie an die Zeit in Leipzig zurückdenken, was bedeutet ihnen heute diese Zeit?"

Schwester Elisa: „Ich habe ja damals meine ersten Schritte in der Krankenpflege getan, was ich immer wollte. Für mich war sozusagen ein Traum in Erfüllung gegangen. Es war eine wunderschöne Arbeit. Besonders bei den Neugeborenen habe ich gerne gearbeitet. Der Beruf hat mich sehr erfüllt. Auch den Kontakt zu den Patienten habe ich geliebt, egal wie alt sie waren. Übrigens: Die damaligen Parteigenossen in der DDR, die ja nicht viel von Religion wissen wollten, haben ihre Frauen gerne zu uns zur Entbindung ihrer Kinder gebracht. Die wussten: Hier sind sie gut aufgehoben. Diese Zeit war für mich sehr beglückend. Die Zusammenarbeit war auch ganz prima. Ich bin damals öfter zu Geburtstagen in die BRD gefahren. Das mit der Genehmigung war nie ein Problem. Ich denke heute, das hat bestimmt mit unserer Arbeit zu tun gehabt. Da hat vielleicht so mancher Parteigenosse ein Auge zugedrückt."

1989 kam die Wende. Die Schwestern aus der damaligen DDR gingen nach und nach ins Mutterhaus nach Hamburg zurück. Schwester Elisa zog 1995 ebenfalls nach Hamburg ins Mutterhaus und nahm ihre kranke Mutter mit. Hier begann für sie ein neuer Lebensabschnitt. Leider wurde Schwester Elisa sehr krank und nach ärztlichem Rat musste sie nach drei Wochen ihren Dienst in der Krankenpflege aufgeben. Danach war sie noch einige Zeit an der Pforte des Krankenhauses tätig.

Nachdem sie schließlich aus gesundheitlichen Gründen ganz aus dem aktiven Dienst ausscheiden musste, ging sie in den Ruhestand. Das bedeutete aber keinesfalls Untätigkeit. Ihre Finger waren noch immer sehr beweglich. In Hamburg gab es die Gemeinde der Evangelisch-methodistischen Kirche, wo sie ihre Begabung als Orgel- und Klavierspielerin einbringen konnte. Auch der Flötenkreis in Alten Eichen war für sie eine große Bereicherung. Hier war sie besonders als Orgelspielerin sehr gefragt.

Frage: Was bedeutet es ihnen, heute im Ruhestand immer noch Musik machen zu können?

Schwester Elisa: „Nun, ich habe ja mehr Zeit für andere Dinge als früher. Und jetzt kann ich mehr musizieren als je zuvor. Ohne Musik kann ich mir mein Leben nicht vorstellen. Und wenn ich mit dem Rolli zur Orgelbank fahren muss – egal! Auf der Klaviatur muss ich ja nicht laufen sondern mit den Händen spielen. Es tut einfach gut, anderen Menschen Freude zu machen – sei es durch die Krankenpflege oder mit Musik."

„Natürlich sind Diakonissen auch nur Menschen", so hört man die Schwestern gelegentlich sagen. Das bedeutet, dass auch sie nicht von Krankheiten verschont bleiben. Auch mit Alterungsprozessen, eingeschränkter Mobilität und mit manch anderen Alterserscheinungen müssen die Schwestern umgehen lernen, wie alle anderen Menschen auch.

Frage: „Sie haben in ihrem Leben manche Krankheitszeit durchstehen müssen. Hat ihnen die Musik dabei irgendwie weiter geholfen?"

Schwester Elisa: „Wie ich schon sagte: Ich hatte ja im Ruhestand mehr Zeit mich mit Musik zu beschäftigen Und in den Krankheitszeiten hat mich das irgendwie getragen und mir Kraft gegeben. Ich lernte übrigens – mehr durch Zufall – niederländische Orgelmusik kennen, in die ich mich verliebt habe. Und Liebe ist ja bekanntlich eine Himmelsmacht. Ich glaube, diese Macht hat mir geholfen, die Krankheitszeiten gut zu überstehen."

Eine große Herausforderung kam bald auf die Schwestern durch den kompletten Abriss der alten Wohngebäude und der Kapelle in der Martinistraße zu. Die heutigen Bethanien-Höfe mit Mutterhaus sollten entstehen und wurden 2015 eingeweiht. Während der Bauzeit wohnten die Schwestern in der Diakonissenanstalt in Alten Eichen. Diese Zeit hat allen viel Kraft gekostet. Auch Schwester Elisa war nach dem Umzug froh, diese Herausforderung überstanden zu haben.

Da lebte – rein zufällig – ein alter Kontakt zu einem musizierenden Arzt wieder auf. Dieser hatte vor vielen Jahren im alten Bethanien-Krankenhaus gearbeitet und mit Schwester Elisa musiziert. An einer Bushaltestelle trafen sich beide wieder. Sofort war die alte Verbindung wieder hergestellt. In der Folgezeit kam es zu einer wunderbaren musikalischen Zusammenarbeit, die bis heute anhält und die Schwesternschaft und anderes Publikum erfreut.

Frage: „Sie haben mal gesagt: ‚Musik ist eine Sprache der Engel.' Da klingt ja auch etwas vom Glauben mit. Wie sehen sie als Diakonisse den Zusammenhang zwischen Glaube und Musik?"

Schwester Elisa: „Das ist nicht ganz einfach zu erklären. Ich sage mal so: Die Musik will, genau so wie der Glaube, unser Herz ansprechen. Deshalb wird ja auch in der Kirche gesungen und musiziert. Und wenn ich in der Kirche spiele, dann wünsche ich mir immer, dass die Engel um uns sind und uns ihre Botschaft von der Liebe Gottes ins Herz flüstern."

Diakonisse Gudrun Kühnel

Schwester Gudrun stammt aus Aue im Erzgebirge. 1946 begann ihre Schulzeit. Danach stand die Frage nach der Berufswahl an. Auf Anraten der Mutter bewarb sie sich als Säuglingsschwester, woraus aber nichts wurde. Im Wohnhaus der Eltern befand sich ein Lebensmittelgeschäft, in dem sie nach einer Ausbildung noch ein halbes Jahr als Lebensmittel-Fachverkäuferin gearbeitet hat.

Frage: Das war sicher ein interessanter Beruf. Wie kam es, dass sie dann Diakonisse wurden?

Schwester Gudrun: „Das kam so: Ich war in unserer methodistischen Gemeinde in Aue sehr aktiv. Und als zu einem diakonischen Jahr in unserem Krankenhaus in Leipzig aufgerufen wurde, da habe ich mich angesprochen gefühlt und bin 1958 dort hingegangen."

Frage: Was haben ihre Eltern dazu gesagt?

Schwester Gudrun: „Meine Mutter war sofort damit einverstanden. Mein Vater war sehr skeptisch, denn ich hatte ja im Haus als Lebensmittel-Fachverkäuferin gearbeitet, und damit war er sehr zufrieden. Aber schließlich hat er doch zugestimmt. Von Diakonisse werden, war ja zunächst nicht die Rede gewesen. Das kam erst etwas später. Ich war an den Wochenenden immer zu Hause und bin in den Gottesdienst gegangen. Wir hatten einen schönen gemischten Chor. Die Lieder haben mir immer sehr gefallen. Besonders ein Lied hat mich dann sehr angesprochen in dem es hieß: ,Es lohnt sich zu dienen dem Herrn.' Es ist ein amerikanisches Lied, das hier nicht viele kennen. Als ich das hörte, war ich sehr bewegt, und der Text ging mir nicht mehr aus dem Kopf: ,Es lohnt jeder Tag, es lohnt jeder Schritt auf dem Pfad', hieß es in dem Lied. Von da an ging mir die Frage nach dem Diakonissenberuf nicht mehr aus dem Kopf."

Frage: War das der einzige Anstoß für ihren Entschluss gewesen?
Schwester Gudrun: „Nein, es gab noch etwas Anderes. Mit elf Jahren lernte ich in Aue eine Diakonisse kennen, die Gemeindeschwester war. Die habe ich sehr verehrt. Mit ihr hatte ich als Erwachsene über fünfzig Jahre engen Kontakt. Sie war eine wunderbare Frau. Heute haben die jungen Leute Schauspieler und Musiker als Idol oder Vorbild, für mich war es diese Schwester gewesen. Später, als ich dann selbst Diakonisse werden wollte, sagte sie zu mir: ‚Gudrun, eines sage ich dir, Diakonissen sind auch nur Menschen.' Das habe ich dann später erst verstanden. Wir sind als Diakonissen eben auch keine Engel."

Frage: Sie waren nun in Leipzig in einem diakonischen Jahr, aber sie waren ja noch nicht zur Krankenschwester ausgebildet. Wie ging das denn?
Schwester Gudrun: „Wir waren zusammen vier junge Frauen, die eine Ausbildung in Bethanien beginnen wollten. Dazu mussten wir damals aber nach Hamburg. Das war zu DDR-Zeiten sehr schwierig bis unmöglich. Nach vielen Versuchen, Schriftverkehr und Befragungen auf den Ämtern, haben wir doch noch nach einem dreiviertel Jahr die Papiere und damit die Genehmigung bekommen. Am 3. September 1959 sind wir nach Hamburg gefahren. Ich habe 1963 das Examen gemacht und wurde dann auch Diakonisse.

Frage: Was waren für sie in Hamburg die wichtigsten Erfahrungen?
Schwester Gudrun: „Das kann ich ihnen genau sagen. Es war die große Flutkatastrophe 1962. So etwas hatte ich noch nie erlebt. Das war kurz vor meinem Examen, und wir waren nur zu dritt auf Station. Aber die eine Praktikantin konnte wegen der chaotischen Zustände nicht kommen. So hatten wir zu zweit alle Hände voll zu tun. Wir hatten keinen Strom. Zwei Patienten, die einen Tag zuvor operiert worden waren, mussten besonders betreut werden. Im Haus wusste jeder, was in Hamburg passiert war und die Stim-

mung war entsprechend. Als wir uns um die vielen Patienten, die eingeliefert wurden, bemühten, klang plötzlich vom Schwesternchor ein Lied aus der großen Vorhalle zu uns. Eigentlich hätte ich mitsingen sollen, aber dazu war auf der Station keine Zeit. Das hörte sich irgendwie unheimlich an. Wir hatten ja nur Kerzenlicht, weil der Strom ausgefallen war. Der Sturm rüttelte an den Fenstern. Draußen war schon Nacht. Und da, plötzlich, erklang das Lied: ‚Der Mond ist aufgegangen …‘ Das ist ja ein sehr schönes Abendlied, aber mir war in dieser Situation zum Singen nicht zumute, das können Sie mir glauben. Aber den Patienten hat es gutgetan. Es heißt in dem Lied zum Schluss: ‚… verschon uns, Gott, mit Strafen und lass uns ruhig schlafen und unsern kranken Nachbarn auch‘. Das war wie ein Gebet.“

Frage: In welcher Klinik hat sich das abgespielt?
Schwester Gudrun: „Das war alles in unserem Bethanien-Krankenhaus in der Martinistraße. Ich habe dort 32 Jahre auf verschiedenen Stationen gearbeitet. Was auch ein großer Einschnitt war, das war die Umstellung 1977 von einem Krankenhausbetrieb auf eine Nachsorgeklinik. Ich wechselte damals auf die Unfallchirurgie und war dann noch bis 1991 dort tätig. Als ich selbst erkrankte, war ich als Patient zuerst in der Universitätsklinik und wurde dann lange Zeit in unserem eigenen Krankenhaus behandelt.“

Frage: Das war offensichtlich eine schwere Erkrankung. Wie haben sie diese Zeit erlebt?
Schwester Gudrun: „Ja, das war für mich eine schwere Zeit. Ich konnte plötzlich nicht mehr richtig gehen und hatte keinen festen Halt mehr. Es wurde eine Nervenwurzelentzündung festgestellt. Ich konnte mich nur noch im Rollstuhl fortbewegen. In unserem Krankenhaus bin ich dann sehr gut gepflegt worden. Nach sechs Monaten ging es allmählich bergauf. Als Krankenschwester konnte ich aber nicht mehr arbeiten. Der damalige Direktor hat mich deshalb mit unterschiedlichen Arbeiten betraut. Unser Schaukasten wurde von mir gestaltet. Da waren Bilder, Texte und so manches Informative für die Öffentlichkeit ausgestellt. Ich habe Verwaltungsaufgaben übernommen, Patienten zum

Gottesdienst gefahren und sie anschließend wieder auf die Station gebracht. Auch im Speisesaal half ich mit. Um ältere Schwestern und noch so manches mehr kümmerte ich mich ebenfalls. Langeweile hatte ich nie."

Frage: Sie kehrten ja nicht wieder in die DDR zurück. Konnten Ihre Eltern sie auch mal in Hamburg besuchen?

Schwester Gudrun: „Ja, das konnten sie – allerdings erst als sie Rentner waren. Als ich so schwer krank wurde, hat mich meine Mutter einmal alleine besucht. Sie fuhr die ganze Nacht mit dem Zug. Ich wurde damals noch in der Uni-Klinik behandelt. Meine Eltern machten sich große Sorgen um mich.

Nun ist viel Zeit vergangen, ich hatte bereits sechzigjähriges Dienstjubiläum und fühle mich im neuen Mutterhaus hier in Hamburg sehr wohl."

Diakonisse Rosemarie Schweitzer

Schwester Rosemarie wurde 1924 in Plauen im Vogtland geboren. Ihr Elternhaus gehörte zur Methodistengemeinde. Der Gottesdienstbesuch war für die Familie mit den insgesamt acht Kindern am Sonntag eine Selbstverständlichkeit.

Frage: Wie haben sie die Gottesdienste damals erlebt?

Schwester Rosemarie: „Wir sind gerne zum Gottesdienst gegangen. Als junges Mädchen habe ich mich besonders über die Diakonissen gefreut, wenn sie mit ihren schönen weißen Hauben da waren. Sie kamen aus unserem Bethanien-Krankenhaus in Plauen. Schwester Maria Hentschel lud uns Mädchen einmal zu den Schwestern ein und hat uns dort alles erklärt. Ich war davon so angerührt, dass ich auch Diakonisse werden wollte. Ich wollte einfach auch so leben wie die Schwestern."

Frage: War das, in so jungen Jahren, wie eine innere Berufung für Sie?
Schwester Rosemarie: „Ja, das kann man so sagen. Daran hat sich nie etwas geändert. Ich bin dann mit knapp zwanzig Jahren, am 1. Mai 1944, nach Hamburg ins Mutterhaus gefahren.

Diese Zugfahrt geschah mitten im Krieg, was sehr gefährlich war. Als plötzlich Sirenengeheul einen Fliegerangriff ankündigte, blieb der Zug einige Stunden stehen. Schwester Rosemarie kam dadurch erst spät am Abend in Hamburg an. Als sie aus dem Zug ausstieg, stand sie mutterseelenallein auf dem Bahnhof. Niemand aus dem Mutterhaus konnte ja ahnen, wann der Zug ankommen würde.

Frage: Sie waren vorher noch nie in Hamburg gewesen?
Schwester Rosemarie: „Nein, noch nie. Ich war völlig ratlos und verängstigt. Ich flehte zu Gott, er möge mir helfen und einen Menschen schicken, der mir sagt, wie ich in die Martinistraße kommen kann. Dann kam plötzlich eine Frau auf mich zu und fragte, wo ich hinwolle. Ich sagte ihr, dass ich in das Bethanien-Krankenhaus in die Martinistraße will. Dann stieg sie mit mir in die Straßenbahn und hat mich bis vor die Haustür gebracht. Und ehe ich mich herzlich bedanken konnte, war die Frau auch schon auf und davon. Sie war einfach nicht mehr da. Ich dachte bei mir, das sei wie eine Begegnung mit einem Engel Gottes gewesen. Ich war nur noch dankbar und froh, endlich angekommen zu sein. Schwester Maria Gutschick, meine spätere Probemeisterin, hat mich dann in Empfang genommen."

Frage: Und sie machten dann in Hamburg ihre Ausbildung als Krankenschwester?
Schwester Rosemarie: „Ja, ich habe drei Jahre gelernt und 1947 das Staatsexamen gemacht. Zur Einsegnung als Diakonisse bekam ich das Wort aus Psalm 73, Vers 28: ‚Aber das ist meine Freude, dass ich mich zu Gott halte und meine Zuversicht setze auf Gott, den

Herrn, dass ich verkündige all dein Tun.' Das hat mich bis heute
begleitet und mich oft auch getröstet und mir Kraft gegeben. Aber
nach und nach merkte ich, dass ich mit dem Hamburger Klima
gesundheitliche Schwierigkeiten hatte. Das Klima war ich einfach nicht gewohnt."

Frage: Ist das Mutterhaus damals darauf eingegangen?
Schwester Rosemarie: „Ja, natürlich. Ich bin daraufhin nach Berlin
versetzt worden. Die Berliner Luft ist ja bekanntlich frisch und
gesund. Ich konnte 46 Jahre in unserem Sophienkrankenhaus in
Steglitz als Krankenschwester tätig sein. Fünfzehn Jahre habe ich
die Stationsschwester auf Station 1 vertreten, wenn sie nicht da
war. Danach habe ich die Station zwanzig Jahre geleitet. Das war
eine sehr schöne Zeit. Wir waren mit den anderen Schwestern
zusammen ein tolles Team."

Schwester Rosemarie berichtet, wie groß die Freude bei ihr und den
anderen Schwestern war, wenn Patienten nach schweren Operatio-
nen gesund nach Hause gehen konnten. Sie fand darin eine tiefe
Befriedigung und war dankbar, dass Gott sie für den Dienst an kranken Menschen berufen hatte.

Frage: Kann man sagen, dass sie das tun konnten, woran sie große
    Freude hatten?
Schwester Rosemarie: „Genau so war es. Ich habe all die Jahre mit
    Freude und Hingabe gearbeitet. Die Arbeit war mein Leben und
    das Leben war meine Arbeit. Allerdings gab es dann 1980 eine
    große Umstellung. Aus unserem Krankenhaus wurde eine Nach-
    sorgeklinik. Krankenheim nannten wir das damals. Das war eine
    riesige Umstellung. Es war nun kein Krankenhausbetrieb mehr,
    sondern sehr schwache und schwerkranke Menschen kamen
    zu uns in die Pflege. Wir hatten dann auch viele Todesfälle. Da
    musste man völlig umdenken."

Frage: Wie hat sich das auf ihre Arbeit ausgewirkt?
Schwester Rosemarie: „Wir mussten die Patienten pflegen, ihnen aber
    auch auch Liebe und Geborgenheit geben, gerade wenn keine

Aussicht auf Heilung mehr bestand. Das hat von uns Schwestern auch einen hohen Grad an Einfühlungsvermögen gefordert und war auch manchmal belastend und kostete viel Zeit. Aber es gab auch freudige Ereignisse."

Frage: Können sie dazu auch Beispiele erzählen?

Schwester Rosemarie antwortet mit einem Schmunzeln im Gesicht: „Ja, ich erinnere mich noch daran, wie eine Patientin sich morgens nicht baden lassen wollte. Sie sagte: ‚Nein, ich muss in die Schule gehen!' – ‚Ach, ich schreib Ihnen sofort eine Entschuldigung, habe ich gesagt, ‚dann brauchen Sie heute gar nicht in die Schule gehen.' Da war sie zufrieden! Eine andere Patientin hatte den ganzen Vormittag lang immer wieder geklingelt. Ich fragte sie: ‚Was haben Sie denn für einen Kummer?' – ‚Ich steh ja mitten auf dem Bahnhof! Mein Neffe soll kommen, der soll mich abholen …' – Ich atmete tief durch und sagte dann: ‚Na, dann ruf ich Ihren Neffen gleich mal an, dass er kommt und Sie abholt.' Dann bin ich aus dem Zimmer hinausgegangen und nach wenigen Augenblicken wieder ins Zimmer zurück und habe gesagt: ‚Ihr Neffe kommt gleich und holt Sie ab.' Da hat die Patientin mich beim Kopf genommen und mich gedrückt. ‚Oh, wie ist das schön, dass eine Bahnhofschwester hier ist!' So musste man einfach versuchen auf die Patienten einzugehen, um ihnen zu helfen. Das war wirklich mein ganz großes Anliegen."

Frage: Haben sie das damals intuitiv gemacht, oder wurden sie auch im Umgang mit verwirrten Patienten geschult?

Schwester Rosemarie: „Ich hatte überhaupt keine Ahnung! Einfach aus dem Empfinden heraus habe ich das gemacht. Es war wie eine Eingebung. Das Wort in 2. Korinther 12 Vers 9 ist mir damals sehr kostbar geworden: „Lass dir an meiner Gnade genügen. Denn meine Kraft ist in den Schwachen mächtig." Ich durfte es und darf es immer wieder neu verspüren und erfahren. Ich kann mit einem frohen und dankbaren Herzen sagen: Ich durfte ein erfülltes Leben haben!"

Frage: Haben sie ihr ganzes Arbeitsleben in Berlin verbracht?

Schwester Rosemarie: „Ja, bis auf die Anfangsjahre – und das mit großer Freude. Jetzt lebe ich hier im Mutterhaus in Hamburg und bin dankbar und zufrieden."

Frage: Was ist aus ihrer großen Familie geworden. Sie hatten ja sieben Geschwister?

Schwester Rosemarie: „Meine Eltern leben ja schon lange nicht mehr. Sechs Geschwister sind gestorben. Ich habe noch eine Schwester. Wir rufen uns jeden Tag gegenseitig an, damit wir in Verbindung sind. Sie ist achtundachtzig, der Mann ist neunzig. Sie sind beide behindert, so dass sie mich nicht besuchen können. Sie können nicht mehr reisen, und ich bin mit fast fünfundneunzig Jahren dazu auch nicht mehr in der Lage. Da ist es schön, dass es das Telefon gibt. Dadurch ist man immer in Verbindung.

(Sr. Rosemarie verstarb am 20. Oktober 2019 in tiefem Gottvertrauen)

Diakonisse Inge Simon

Schwester Inge kommt aus einer Generation, die im Kindesalter den schrecklichen 2. Weltkrieg miterlebt hat. Sie wurde 1934 in Berlin geboren und lebte bei ihrer Großmutter. Als sie 1940 zur Schule kam, war in Berlin noch kaum etwas vom Krieg zu spüren. Das sollte sich bald ändern. Wenig später wurde es zunehmend unerträglicher wegen der ständigen Luftangriffe. Ihre Großmutter zog mit ihr 1942 nach Westpreußen, um den Gefahren des Krieges zu entkommen. Sie hatte dort noch viele Verwandte, wo sie wohnen konnten. Diese Zeit hat Schwester Inge als sehr positiv in Erinnerung, bis schließlich Kanonendonner von der herannahenden Ostfront zu hören war.

Frage: Wie haben sie als Kind diese Situation erlebt?

Schwester Inge: „Ich bekam es natürlich mit der Angst zu tun. Meine Oma und viele andere Dorfbewohner flüchteten vor den Russen. Wir sind allerdings geblieben und haben die vielen Flüchtlinge gesehen, die vom Osten her nach Westen flohen."

Frage: Sind sie mit ihrer Großmutter noch lange geblieben?

Schwester Inge: „Nein. Die Russen haben uns zwar nichts getan, aber im Juni 1945, als der Krieg bereits zu Ende war, sind wir auch in Richtung Westen gezogen. Natürlich mussten wir lange warten, bis wir mit einem Zug nach Berlin fahren konnten. Der fuhr dann über Küstrin, wo wir aussteigen mussten. Ich war so müde von der langen Fahrt, dass ich mich im Bahnhof mit unseren Sachen in eine Ecke kuschelte und einschlief. Als ich aufwachte, war meine Großmutter nicht mehr da. Die Bahnhofsmission, die ich aufgesucht habe, konnte mir auch nicht helfen. Meine Großmutter war einfach weg."

Frage: Das hört sich ja schrecklich an. Sie waren doch erst zehn Jahre alt. Wie ging es dann weiter?

Schwester Inge: „Ich wurde gefragt, wo ich hin wolle. Ich wollte ja nach Berlin, wo meine Mutter wohnte. Aber da war ja alles kaputt. Deshalb sagte ich: „Ich will nach Zerpenik bei Berlin." Da hatten wir ein Wochenendhaus. So wurde ich in einen anderen Zug gesetzt und stieg mit einer fremden Frau in Zerpenik aus. Die hat mich dann in einer anderen Familie untergebracht, wo ich mit deren Kindern zusammen war und in den Kindergarten gehen konnte. Ich fühlte mich dort einerseits wohl, andererseits kam mir alles seltsam und unheimlich vor.

Schwester Inge wurde nach einiger Zeit von ihrer Mutter und ihrer Patentante besucht und mit nach Berlin genommen. Das Verhältnis zu ihrer Mutter war aber nicht so, dass sie sich bei ihr geborgen fühlen konnte. Gewohnt hat sie bei ihrer Patentante. Während der Schulzeit wurde sie in der evangelischen Kirche eingesegnet und besuchte anschließend gerne die Gottesdienste. „Das hat mir sehr gefallen. Da fühlte ich mich wohl", erinnert sie sich heute. Aber von ihrer Mutter wurde sie dafür verspottet.

Frage: Das mit der Kirche war sicher wichtig für sie. Aber wie kam es, dass sie dann Diakonisse wurden?

Schwester Inge: „Nach der Schulzeit wusste ich nicht, was aus mir werden sollte. Ich lernte dann in der Berufsschule ein Mädchen kennen, die zur Methodistenkirche gehörte. Die lud mich zur Jugendstunde ein. Hier fühlte ich mich sehr wohl. Das war für mich wie eine Heimat. Bis zur Entscheidung, Diakonisse zu werden, war es allerdings noch ein weiter Weg."

Schwester Inge hat in der Folgezeit in Berlin unterschiedliche Tätigkeiten ausgeübt, um ihren Lebensunterhalt zu bestreiten. Sie mietete bald auch ein eigenes Zimmer und wollte selbständiger werden. Während einer Tätigkeit in der großen Taschenlampen-Fabrik „Daimon" kam sie dann mit anderen jungen Mädchen zusammen, die keinerlei kirchliche Bindung hatten. Mit denen ging sie am Wochenende aus und verlor den Kontakt zu ihrer Gemeinde. Der Gemeindepastor allerdings nahm immer wieder Kontakt mit ihr auf. „Er hat mich nicht aufgegeben", sagt Schwester Inge. Und als sie wieder in ihre Kirchengemeinde ging und mit ihrer Arbeit in der Fabrik auch nicht wirklich glücklich war, wurde sie von der Gemeindeschwester vom Diakoniewerk Bethanien-Hamburg angesprochen. „Weißt du was? Du könntest doch nach Hamburg gehen und Diakonisse werden", berichtet Schwester Inge.

Frage: Das kam ja gerade wie gerufen. Da waren sie sicher sehr glücklich?

Schwester Inge: „Oh, nein. Das wollte ich auf gar keinen Fall. Das habe ich auch sehr deutlich gemacht. Ich empfand das als eine Zumutung. Und als mir die Gemeindeschwester wenig später einen schriftlichen Aufnahmeantrag für Bethanien vorlegte, da habe ich die Flucht ergriffen. Ich habe mir kurzfristig eine Arbeit in der Schweiz gesucht und zog ins Tessin nach Locarno – weit weg von Berlin.

Frage: Wie ist es ihnen denn da ergangen? Das war ja gewiss für sie eine andere Welt.

Schwester Inge: „Das kann man wohl sagen. Ich war dort sozusagen Mädchen für alles. Mein Chef war ein Franzose, seine Frau Italienerin. Er war ein richtiger Casanova und hat es auch bei mir versucht. Ich erfuhr dann, dass schon viele Mädchen deshalb weggegangen waren."

Frage: Wie lange haben sie es dort ausgehalten?

Schwester Inge: „Ich kann ihnen sagen: Es begann für mich so etwas wie eine zweite Flucht. Allerdings konnte ich nicht fliehen. Der Chef hatte meinen Pass einbehalten und wollte mich nicht gehen lassen. Heute sehe ich es als Gottesfügung, dass genau in dieser Zeit eine frühere Kollegin von der Firma Daimon, wo ich in Berlin gearbeitet hatte, in Locarno Urlaub machte. Ich traf sie und erzählte ihr alles. Sie wollte mich mitnehmen und sagte mir, ich bräuchte keinen Pass, der Ausweis würde genügen. Und so nahm sie mich mit dem Auto über die Grenze mit nach Berlin. Das war ein richtiges Abenteuer. Um vier Uhr morgens haben wir uns trotz eines schrecklichen Gewitters getroffen. Mir war damals klar: Wenn das alles gut geht, dann will ich aus Dankbarkeit Gott dienen, nach Hamburg gehen und Diakonisse werden."

Frage: Und sind sie dann Diakonisse geworden?

Schwester Inge: „Nein! Nicht gleich! Während der langen Fahrt kamen mir wieder große Zweifel. Kurz vor Berlin habe ich im Stillen gedacht: „Nach Hamburg? Ach, das muss nicht in diesem Jahr sein." Nun muss ich ihnen sagen, mein Pastor hatte mir öfter, während ich in der Schweiz arbeitete, geschrieben und geraten, ich solle doch wieder nach Berlin kommen. Ich könne bei ihm auch wohnen. Weil ich ja in Berlin nichts mehr hatte, habe ich dieses Angebot dann auch gerne angenommen. In die Fabrik wollte ich auf gar keinen Fall zurück. Er fragte mich dann, wie es jetzt mit Hamburg stünde. Und da habe ich mich besonnen und zugestimmt – aber nicht um Diakonisse zu werden, sondern nur um die Krankenpflege zu erlernen, was ja in Hamburg möglich war.

Frage: Wie hat der Pastor darauf reagiert?

Schwester Inge: „Er hat das für mich organisiert. Aus Hamburg kam dann bald die Zusage für eine Ausbildung. Ich habe als diakonische Helferin angefangen, und das hat mir eigentlich sehr gefallen. Die Arbeit hat mir Spaß gemacht, bis ich schließlich erneut gefragt wurde, ob ich nicht Diakonisse werden will. Die Stationsschwester hatte mich danach gefragt und ich war wieder ziemlich schockiert. Ich habe wieder nein gesagt. Trotzdem bin ich dann geblieben, habe die Krankenpflegeschule besucht und 1965, also mit 31 Jahren, das Krankenpflegeexamen gemacht. Das kam mir damals wie ein Wunder vor."

Schwester Inge konnte sich zu dieser Zeit noch nicht entscheiden, ihr Leben als Diakonisse zu führen. Es fehlte eine klare Berufung, und ein von Herzen kommendes Ja dazu. Wie es dann schließlich doch dazu kam, sich für das Leben als Diakonisse zu entscheiden, beschreibt sie so:

Schwester Inge: „Ja, ich wurde ja mehrfach vor diese Wahl gestellt. Ich wurde eines Tages von einer Diakonisse gefragt: „Willst du nicht mitkommen zu einer Freizeit?" Ich wusste damals gar nicht, was das ist. Es waren drei Wochen bei den Aidlinger Schwestern geplant (Anmerkung: Eine evangelische Schwesternschaft in der Nähe von Böblingen). Ich sagte halbherzig zu. Im Zug saß ich dann zusammen mit einigen unserer Diakonissen. Ich dachte insgeheim, der Zug könne ruhig entgleisen. Das wäre mir auch recht gewesen. So war meine Stimmung. Und als wir da waren und ich vom ersten Tag an spürte, welch ein Geist dort herrschte, war ich wie verwandelt. Wir hörten viele Andachten, hatten Gebetsstunden und auch viel Spaß miteinander. Es war wunderschön. Die leitende Schwester, Gertrud Kröger, hat mich die ganze Zeit beobachtet, bis ich ihr endlich in einem Gespräch meinen ganzen Lebenslauf erzählte. Danach war ich wie befreit und hatte dann plötzlich ein Ja für den Weg als Diakonisse gefunden, ohne dass ich von ihr dazu gefragt wurde. Die Freizeit war nach drei Wochen zu Ende. Ich hatte aber noch eine Woche Urlaub. Schwester Gertrud fragte mich, was ich nun machen würde. Ich hatte keinen Plan. Da bot sie mir an, die eine Woche noch bei ihr zu bleiben, was ich sehr gerne annahm."

Aus diesem Kontakt ergab sich dann eine enge Freundschaft, die 28 Jahre bis zum Tod von Schwester Gertrud im Jahr 1993 andauerte. Dieser Kontakt war für Schwester Inge so prägend, dass sie bis heute sehr liebevoll und mit Hochachtung von Schwester Gertrud spricht.

Frage: Nun ging es dann wieder zurück nach Hamburg. Wie haben es die anderen Schwestern aufgenommen – ihren Entschluss?

Schwester Inge: „Ich habe das ja nicht alles an die große Glocke gehängt. Im Gegenteil. In Hamburg angekommen, habe ich erneut alles wieder infrage gestellt und bin zur damaligen Oberin gegangen und wollte von Bethanien fort. Die damalige Oberin, Schwester Edith Fründt, blieb sehr besonnen und hatte gerade ihren Urlaub bevorstehen. Sie sagte, ich solle nach ihrem Urlaub noch mal vorsprechen und sie hoffe, ich würde mich eines Besseren besinnen. In dieser Zeit schrieb mir Schwester Gertrud aus Aidlingen eine Karte mit dem Thema „Beruf". Das war eine Anspielung auf unser damaliges Gespräch. Ich spürte damals an Leib und Seele wie zwei unterschiedliche Mächte um mich kämpften. Was Schwester Gertrud schrieb, bewegte mich damals, im Mutterhaus zu bleiben und meinen Weg als Diakonisse bis an mein Lebensende zu gehen, was auch bis heute so geblieben ist – ich bin mittlerweile 85 Jahre alt.

Frage: Das war wirklich ein langer Weg bis sie ein Ja gefunden haben. Wie ging dann dieser Weg weiter?

Schwester Inge: „Ich kann hauptsächlich nur eines sagen: Gott hat seine Hand über mich gehalten – bis heute. Gott sei Dank, dass er mich gehalten hat. Wenn ich zurück schaue, dann kommt mir alles wie ein Wunder vor."

Frage: Haben sie dann immer in Hamburg gearbeitet?

Schwester Inge: „Nein. Ich war auch in Bremen. Dort war ich im Altersheim tätig. Dann war ich ab 1987 für ein Jahr an der Ostsee in unserem Erholungsheim in Gneversdorf bei Travemünde tätig. Und danach wurde ich bis zum Jahr 2000 nach Berlin versetzt. Dort habe ich aus gesundheitlichen Gründen keine Krankenpflege ausgeübt, sondern habe in der Küche geholfen, im Speisesaal und sonst noch überall. Das habe ich zehn Jahre dort gemacht."

Frage: Haben sie sich in Berlin wieder zu Hause gefühlt?

Schwester Inge: „Ja, meine Mutter lebte damals noch. Als sie krank wurde und ins Krankenhaus musste, da habe ich sie zu uns nach Steglitz geholt wo ich ja in unserem Krankenhaus tätig war. Erst wollte sie das nicht, war dann aber doch gerne dort. Eines Abends hat Schwester Amanda zu mir gesagt: „Komm, lass uns noch zu deiner Mutter gehen." Als wir an ihrem Krankenbett standen, sagte sie zu uns: „Ich muss euch erzählen, was ich heute Nacht geträumt habe. Meine ganzen Verwandten waren da, und die haben mir so viele schöne Blumen gebracht!" Schwester Amanda und ich haben uns verwundert angeguckt. Am nächsten Tag wollte meine Mutter schon nicht mehr aufstehen. Kurz danach sagte sie: „Mein Einsegnungsspruch war der 23. Psalm. Hier auf dem Flur ist eine Patientin, die mich jeden Tag besucht, und die sagt, sie bete für mich." So hat sie vorher nie gesprochen. Sie hat bis dahin nie etwas von der Kirche gehalten. Der Glaube war ihr völlig fremd. Am übernächsten Tag ist sie dann gestorben.

Frage: Sie waren ja dann noch nah mit ihrer Mutter zusammen. Gab es vor ihrem Tod noch ein versöhnliches Ende? Denn sie wurden ja von ihr in früheren Jahren ziemlich im Stich gelassen.

Schwester Inge: Ja, das kann man so sagen. Aber ein Mutter-Kind-Verhältnis war es nicht. Heute lebe ich in Hamburg und fühle mich hier sehr wohl.

Neue Wege im 20. Jahrhundert

In Hamburg waren bis Anfang des 20. Jahrhunderts weit mehr als 100 Schwestern unterzubringen. Das Mutterhaus neben dem Krankenhaus konnte die Schwesternschar bald nicht mehr fassen ohne erhebliche Einschränkungen in Kauf nehmen zu müssen. Im Freundeskreis und im Mutterhaus wollte man baldmöglichst Abhilfe schaffen. So kam es, dass der Hohe Senat der Freien und Hansestadt Hamburg erneut ein Grundstück direkt gegenüber dem Krankenhaus zur Verfügung stellte. Ein wohlhabender Bürger Hamburgs nahm sich der Sache an. In der Schrift zum 75-jährigen Jubiläum (S. 9) ist zu lesen: *„Gott fügte es, dass ein langjähriger Freund des Schwesternheims Bethanien, Herr Dr. Ludwig Lippert, in hochherziger Weise zum ehrenden Andenken an seine heimgegangene Gattin und in dankbarer Anerkennung der liebevollen und vorzüglichen Pflege, die die Bethanien-Schwestern seiner Frau und anderen Mitgliedern seiner Familie geleistet hatten"* eine Spende von 110 000 Mark zur Verfügung stellte. Mit dem Geld und weiteren Spenden konnte ein neues Mutterhaus gegenüber dem Krankenhaus gebaut und am 5. Mai 1904 eingeweiht werden. An der Fassade zur Martinistraße hin war zu Ehren der verstorbenen Frau von Dr. Lippert der Name „Ida Lippert Stiftung" und „Schwesternheim Bethanien" zu lesen.

Nun konnten die Schwestern selbst besser wohnen und auch neuen Schwestern einen angemessenen Wohnraum bieten, was nicht zuletzt ein Erholungsfaktor bei dem aufopferungsvollen Dienst war.

Auch in Frankfurt hatte man im Jahr 1908 ein neues Krankenhaus mit Mutterhaus bauen können. In den Berichten von damals ist deutlich zu erkennen, wie man solche Bauvorhaben als eine

Ida Lippert-Stiftung (Mutterhaus) um 1905

Mutterhaus um 1905 Hamburg

Diakonißen- und Krankenheil-Anstalt des Bethanien-Vereins Frankfurt a. M. im Prüfling 21–25.
Front-Ansicht.

Bethanien-Krankenhaus und Mutterhaus Frankfurt am Main, Im Prüfling 1908

Bestätigung und Gottes Wirken ansah. Der Dienst der Schwestern war auch in Frankfurt von der Bürgerschaft hoch geschätzt. Durch Freunde des Werkes wurden 130 000 Mark aufgebracht, die den Grundstock für den Erwerb eines Grundstücks bildeten. So kam es, dass auch in Frankfurt ein neues Krankenhaus mit Mutterhaus und dem sogenannten „Feierabendhaus" entstand. Inzwischen waren die Schwestern, die von Anfang an in Frankfurt tätig waren, deutlich älter geworden und konnten zum Teil aus gesundheitlichen Gründen nicht mehr den vollen Dienst versehen. Diesen Schwestern wurde eine angemessene Bleibe geschaffen. Die „Ruhestandsschwestern" waren allerdings nicht untätig. Nach ihren Möglichkeiten versahen sie noch so manchen Dienst im Nähzimmer, in der Küche oder im Verwaltungsbereich.

Dasselbe Problem hatten auch die Hamburger Schwestern. Hier wurde neben dem Mutterhaus 1925 ein eigenes „Feierabendhaus" erbaut, in dem die älteren und pflegebedürftigen Schwestern wohnen konnten und je nach ihrem Gesundheitszustand noch so manchen Dienst taten.

Ruhestandsschwester hilft in der Nähstube

Ruhestandsschwestern im Waschhaus

Inzwischen entstand auch in Zürich ein Mutterhaus des Bethanien-Vereins. Bis 1911 waren das Hamburger- und das Züricher Mutterhaus eine Außenstelle vom Frankfurter Mutterhaus. Aufgrund des Wachstums in Hamburg, Frankfurt und Zürich und der großen Ausbreitung der Tätigkeitsfelder entschloss sich der Frankfurter Vorstand, Hamburg und Zürich zu einem eigenständigen Werk zu machen. Bis 1911 hatte sich die Tätigkeit des Hamburger Mutterhauses nach Berlin, Chemnitz, Stettin und Plauen ausgebreitet. Später kamen noch Leipzig, Dresden und Zwickau hinzu. Von Frankfurt aus gab es bald die Stationen Heidelberg, Wiesbaden, Saarbrücken, Straßburg, Wien, Genf, Zürich, Lausanne, Pforzheim, Karlsruhe und Ludwigsburg. Es gab auch Schwestern, die in den USA, Japan und in Russland (St. Petersburg – Schwester Anna Eklund) tätig waren. Bei Jubiläumsfeiern kamen hunderte Gäste aus nah und fern zusammen. Sie dankten und lobten Gott zusammen mit der großen Schwesternschar für diese Entwicklung. Diese Expansion musste aber auch organisatorisch bewältigt werden.

Die Mutterhäuser Bethanien-Hamburg, Frankfurt und Zürich waren Einrichtungen geworden, die eine beachtliche Größe angenommen hatten. Wenige Jahrzehnte zuvor hätte niemand diese Entwicklung

Feierabendhaus und Mutterhaus um 1925

Der Anbau des Feierabendhauses an das Mutterhaus, Hamburg 1925

voraussehen geschweige denn erwarten können. Das alles wurde als Segen Gottes empfunden und war dem Fleiß und der Treue der Diakonissen zu verdanken. Insgesamt waren es 362 Diakonissen, die 1911 an den unterschiedlichsten Orten tätig waren. Dazu kamen noch Verbandsschwestern und technisches Personal, das für die Instandhaltung der Häuser verantwortlich war. Die Schwesternschaft wurde 1911 auf Beschluss des Frankfurter Vorstandes wie folgt aufgeteilt: Nach Frankfurt und Hamburg gingen je 138 Schwestern und nach Zürich wurden 86 Schwestern entsandt. Die drei Bethanien-Mutterhäuser wurden in einem „Bethanien-Verband" zusammengehalten, wodurch es zahlreiche Begegnungsmöglichkeiten der Schwestern und der Vorstände gab, was dem Gesamtwerk sehr gut tat. Die vielen Verwaltungsaufgaben mussten nun nicht mehr alleine in Frankfurt bewältigt werden, was die Arbeit wesentlich effektiver machte.

Die Verbandsschwestern

Die staatliche Anerkennung der Krankenpflegeschulen in Hamburg und Frankfurt am Main hatte zur Folge, dass auch junge Frauen, die nicht Diakonisse werden wollten, den Beruf der Krankenpflege in den Bethanien-Krankenhäusern Hamburg und Frankfurt erlernen konnten. Diese Schwestern arbeiteten zusammen mit den Diakonissen im Krankenpflegebereich der Bethanien-Krankenhäuser und nannten sich „Verbandsschwestern", weil sie im „Verband der evangelisch-freikirchlichen Diakonissenmutterhäuser in Deutschland und der Schweiz" tätig waren. In der Kleidung unterschied sich die Verbandsschwester in der Haube, dem typischen Diakonissenkleid und der Brosche, auf der nur ein Kreuz abgebildet war. Durch die gemeinsame Arbeit war ein enger Kontakt zwischen Diakonissen und „freien Schwestern" (wie sie auch genannt wurden) gegeben. Daraus ergab sich nicht selten der Wunsch einer Verbandsschwester, selbst Diakonisse zu werden. Sie wurde dann Probeschwester und durchlief den üblichen Weg, wie sie die Diakonissen zu gehen hatten, bis sie eingesegnet wurden.

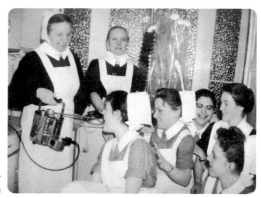

Schwesternschülerinnen bei der
Ausbildung durch Diakonissen

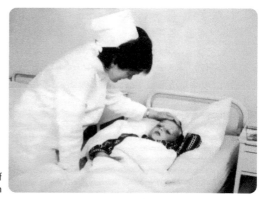

Verbandsschwester auf
der Kinderstation

Prüfung in der Kranken-
pflegeschule Hamburg

81

Schwere Zeiten

Am Anfang des 20. Jahrhunderts machte sich in der Gesellschaft großer Optimismus breit. Man glaubte an Frieden und Wohlstand, der jedoch bei weitem nicht alle Bevölkerungsschichten erreichte. Das Diakoniewerk warb ununterbrochen um neue Schwestern, weil die Aufgabenfelder von den vorhandenen Diakonissen oft nicht ausreichend zu bedienen waren. Mit Beginn des ersten Weltkrieges sollte sich dieser Optimismus allmählich in Angst und Schrecken verwandeln. Unsere Schwestern wurden mehr und mehr in die Betreuung und Pflege der verwundeten Soldaten einbezogen. Aber auch die Zivilbevölkerung litt unter den Folgen des Krieges. In dieser Situation stellten sich dem Diakoniewerk mit seinen Diakonissen ganz neue Aufgaben.

Sowohl Schwestern aus Hamburg als auch aus Frankfurt wurden als Lazarettschwestern an die Front berufen und die verwundeten Soldaten wurden in unseren Krankenhäusern von Diakonissen gepflegt. In Hamburg wurden 32 Schwestern und 120 Betten kriegsbedingt auf Anordnung zur Verfügung gestellt. Zusätzlich wurde vielen Familien im Verlauf des Krieges mit Kleidung und mit Lebensmitteln geholfen. Kriegsbedingt gab es auch viele Kinder, die entweder Vollwaisen oder Halbwaisen waren, die versorgt werden mussten.

Die Motivation der Diakonissen und des Vorstandes war es immer wieder, sich der Hilfebedürftigen zu widmen, um ihnen an Leib und Seele zu dienen. Und das schloss die Soldaten selbstverständlich nicht aus.

„Was ihr einem unter meinen geringsten Brüdern getan habt, das habt ihr mir getan." Jesus-Worte im Matthäusevangelium

Bethanien-Krankenhaus Frankfurt als Lazarett im 1. Weltkrieg

Kindergarten um 1910

Kinderbetreuung in Frankfurt

Werkstätte für Holzbearbeitung

Werkstätte für Holzbearbeitung in Hamburg

Ebenezer als Kriegslazarett.

Ebenezer-Krankenhaus in Berlin

In Hamburg wurden Werkstätten für genesende Kriegsverletzte eingerichtet, um ihnen wieder Selbstvertrauen und Ablenkung von den schrecklichen Erlebnissen des Krieges zu verschaffen.

Und auch das große Ebenezer-Krankenhaus in Berlin-Steglitz wurde während des ersten Weltkrieges als Lazarett genutzt.

Die spätere Oberin in Hamburg (1922–1939), Hanna Siegrist, wurde mit anderen Schwestern als ganz junge Diakonisse an die Ostfront geschickt und beschreibt in ihrem Tagebuch sehr anschaulich die Strapazen des Krieges.

Als der Krieg 1918 beendet wurde, war nicht nur in Deutschland politisch alles anders geworden, auch im Diakoniewerk Bethanien waren die Aussichten düster. Nicht alle Schwestern kehrten aus dem Krieg ins Mutterhaus zurück. Einige verlobten sich, andere wollten den Herausforderungen der Nachkriegszeit im Diakoniewerk ausweichen und verließen das Mutterhaus. Die Häuser, die als Lazarett dienen mussten, waren verbraucht, das Inventar vollständig abgenutzt und das Gerücht ging um, dass die Häuser verstaatlicht werden sollten (was für das Leben der Diakonissen große Fragen aufgeworfen hätte). Die Verunsicherung war sehr groß. Gott sei Dank fand eine Verstaatlichung nicht statt. Die nachfolgende Inflationszeit, die 1923 ihren Höhepunkt erreichte, brachte die Schwesternschaft und das gesamte Diakoniewerk in große finanzielle Bedrängnis. Es waren Christen aus den USA, die die Notlage in finanzieller Hinsicht linderten, so dass der Krankenhausbetrieb einigermaßen fortgesetzt werden konnte. Dabei blieb der Personalmangel an Schwestern ein ständiger Begleiter aller Entscheidungen auch im täglichen Dienst der Diakonissen. In jener Zeit ist den Schwestern besonders viel abverlangt worden.

Ein erneuter großer Einschnitt war mit dem Beginn des Nationalsozialismus gegeben. Das Diakoniewerk wollte sich nicht politisch positionieren und meinte so seinem Ursprung gemäß allein den Menschen zu dienen. Dass das in jener Zeit nicht ausreichend war, soll hier nicht weiter erörtert werden. Auch im zweiten Weltkrieg haben die Schwestern jedenfalls mitmenschliche Dienste geleistet

Hochzeit im Lazarett des Bethanien-Krankenhauses Frankfurt

Gruppenfoto mit Diakonissen in Frankfurt

und verwundete Soldaten gepflegt und zwar nicht nur in den eigenen Krankenhäusern sondern auch an der Front in Kriegslazaretten.

Die Neutralität gegenüber dem NS-Regime war nicht leicht durchzuhalten. Es gelang dem Diakoniewerk, existenzbedrohende Konflikte mit dem Staat zu vermeiden. Pastor Hans Albert Steeger schildert in dem Buch „Stifter, Schwestern, Zufluchtsstätten" auf Seite 43, das die Situation in Hamburg beschreibt: *„Um Krankenschwestern, die sich nicht zur Diakonisse berufen wussten, eine engere Anbindung an das Mutterhaus zu ermöglichen und sie so vor dem Eintritt in die Braune Schwesternschaft der NSV (Anmerkung: Nationalsozialistische Volkswohlfahrt) zu bewahren, wurde 1941 eine sogenannte Verbandsschwesternschaft gegründet. 20 Schwestern, davon 15 noch in der Ausbildung, machten spontan von dieser Möglichkeit Gebrauch."* Dadurch konnten die freien Schwestern ihre politische Neutralität bewahren.

Am 29. Januar 1944 erfolgte ein schwerer Luftangriff auf Frankfurt, bei dem die ganze Innenstadt zerstört wurde. Schwestern und Ärzte im Mühlbergkrankenhaus von Bethanien sorgten nach dem Alarm dafür, dass alle Patienten, einschließlich der Neugeborenen, in die Kellerräume des Krankenhauses gebracht wurden. Die Luftmine, die über dem Krankenhaus explodierte, legte das schöne Mühlbergkrankenhaus in Schutt und Asche. Zwei Männer eilten nach dem Angriff dorthin, einer von ihnen war der Vater eines Neugeborenen. Was sie vorfanden, war ein großer Trümmerhaufen. *„Mit Hacke und Schaufel gruben sie für uns Verschüttete den Ausstieg frei."* So notiert später Leonie Schlump-Viehmann, die Frau von einem der beiden Männer. Wie durch ein Wunder hatten den Angriff alle überlebt. Das Krankenhaus wurde nach dem Krieg durch Spenden wieder aufgebaut.

Im Unterschied zu Frankfurt waren in Hamburg durch den zweiten Weltkrieg keine Zerstörungen an den Gebäuden von Bethanien zu beklagen.

Einst

Wir
bauen
wieder
auf!

Hilf
auch
Du!

Jetzt

Einweihung des Neubaus „Auf dem Mühlberg" 1950 Frankfurt

Aufgabenbereiche der Diakonissen

An den vielen Einsatzorten unserer Schwestern stand nicht nur die Krankenpflege im Mittelpunkt der Tätigkeiten. In den Krankenhäusern wurden auch viele Aufgaben von Schwestern erledigt, die nicht primär mit Krankenpflege zu tun hatten. Es mussten Verwaltungsaufgaben ebenso erledigt werden, wie die Arbeiten in der Wäscherei oder Küche und Nähzimmer bis hin zur Gartenarbeit. Auf den Außenstationen, in denen Schwestern als Gemeindeschwestern tätig waren, gehörten Kinderarbeit, Jugendarbeit und Seelsorge neben Kranken- und Altenpflege und auch Predigtdienste zu den Aufgaben von Gemeindeschwestern. Andere Schwestern betreuten Erholungsheime oder waren in der äußeren Mission in Afrika als Krankenschwester, Geburtshelferinnen oder Unterrichtsschwester tätig. Die Aufgabenbereiche wurden den Schwestern nicht ohne Zusatzausbildung anvertraut. Viele Diakonissen waren auf der Schwesternhochschule in Berlin und haben auch Zusatzausbildungen in der Schweiz und in England absolviert. Eine Frankfurter Schwester sagte dazu:

„Ich hätte mir niemals träumen lassen, so viel Wissen und Kompetenz aneignen zu können, wie mir das als Diakonisse möglich war."

Aber auch die Gartenarbeit war für viele Schwestern eine Aufgabe, die sie nebenher erledigt haben. Nicht wenige Schwestern stammten aus ländlichen Gegenden, wo Gartenarbeit zum Alltag gehörte. In Kriegszeiten war der Garten mit Gemüse und Früchten für Schwestern und Patienten eine wichtige Zusatzquelle zur Versorgung mit Nahrungsmitteln.

Ebenso war die Verwaltung ein wichtiger Arbeitsbereich von Schwestern.

Schwester Maria Ling, Missionsschwester in Tansania, Unterrichtsschwester in Frankfurt, Laienpredigerin, und Seelsorgerin im Bethanien-Krankenhaus Frankfurt

Schwester Elfriede Lieb im Vorgarten des Mutterhauses Frankfurt „Auf dem Mühlberg" 2005

Schwestern in Frankfurt bei der Gartenarbeit im ersten Weltkrieg

Oberin Sophie Hurter (Hamburg)
am Schreibtisch um 1910

Schwestern im Haushaltsbereich – wie hier im Wäschezimmer

Neugeborenen-Station in Leipzig

Neugeborene in Frankfurt um 1960

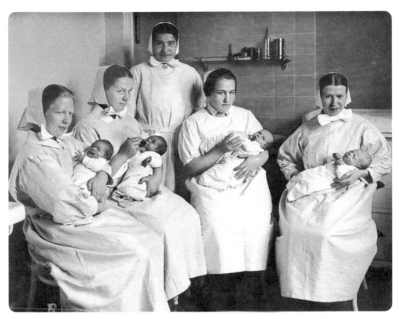

Entbindungsstation Hamburg um 1920

500. Entbindung am 13. September 1930
Chefarzt Dr. Nevermann + Schwester Lena

Schwestern in der Großküche, Hamburg um 1930

Küche in Leipzig, 80iger Jahre

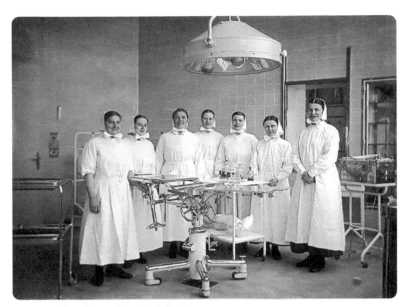

Operationssaal Hamburg. Anfang 20. Jahrhundert

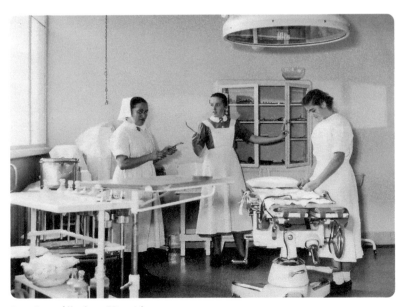

Operationssaal Hamburg. 70iger Jahre

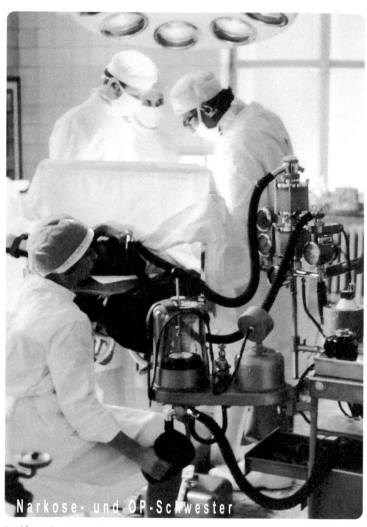

Narkose- und OP-Schwester

Frankfurt in den 70iger Jahren

Das Musizieren und Chorsingen gehörte für fast alle Schwestern zur Selbstverständlichkeit.

Die Schwesternchöre haben so manchen Gottesdienst bereichert und waren bei den Gottesdienstbesuchern sehr beliebt.

Schwesternchor in Hamburg

Schwestern beim Musizieren.

Der Flötenkreis in Hamburg

Ein Blick in die Hauben-Nähstube, Hamburg

Diakonissen übten an ihren Wirkungsstätten die unterschiedlichsten Berufe aus. Nicht wenige brachten auch eine Ausbildung mit, die sie je nach Bedarf auch als Diakonisse in die Schwesternschaft einbringen konnten. In den meisten Fällen wurden Schwestern zu Zusatzausbildungen in Krankenpflege oder Labortätigkeit entsandt, um ihre Tätigkeit auf den Stationen, im OP oder in anderen Aufgabenbereichen qualifiziert ausüben zu können. Ein beliebter Ausbildungsort war die Schwesternhochschule in Berlin.

In Dörfern und Kleinstädten waren Diakonissen wichtige Perso-

Laborschwester um 1960

Laborschwester als MTA ausgebildet

Diakonisse: im Kindergarten - fünfziger Jahre

Diakonissen als Kindergärtnerinnen um 1910

nen. Sie kamen im Ansehen gleich nach dem Bürgermeister und dem Pfarrer.

Gemeindeschwestern waren oft als Seelsorgerinnen gefordert, aktiv

Der Empfang an der Pforte eines Krankenhauses

Gemeindeschwester mit Fahrrad auf Hausbesuch um 1960

in der Kinderbetreuung und natürlich auch in der privaten Kranken- und Altenpflege. Manche hatten eine Ausbildung als Gemeindehelferinnen und versahen auch Predigtdienste und Glaubensunterweisung an Kindern und Jugendlichen.

Hausbesuch einer Gemeindeschwester um 1950

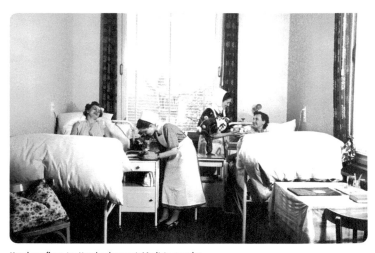

Krankenpflege im Krankenhaus mit Medizinausgabe

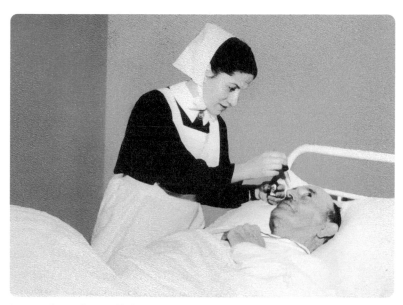

Patientenpflege in der Augenklinik

Predigtdienst auf der Kanzel 2004 (Oberin Rose Haußermann in Frankfurt)

Deutsche Teilung und Wiedervereinigung: BRD und DDR

Nachdem der zweite Weltkrieg beendet war, der auch in der Schwesternschaft Opfer gekostet hat, zählte 1947 das Hamburger Mutterhaus mit seinen Außenstationen 325 Diakonissen. Diese mussten dann die schmerzliche Teilung Deutschlands im Jahr 1949 erleben. Der Kontakt zwischen Schwestern in den Außenstationen, die nun in der DDR lagen, zum Mutterhaus in Hamburg war zwar nie abgebrochen wohl aber mit großen Schwierigkeiten verbunden. Die Arbeit des Diakoniewerks konnte jedoch nach 1948 auch in der DDR weiter fortgeführt werden.

Die Deutsche Teilung von 1949 bis 1989 war für das Diakoniewerk wie für alle kirchlichen Werke auf dem Boden der DDR eine schwierige Zeit. Die Schwesternschaft stand vor der Frage, wie es in einem sozialistischen Staat weitergehen würde. Aber es ging weiter, allerdings unter erschwerten Bedingungen im Gegensatz zu der Weiterentwicklung im westlichen Teil Deutschlands, der BRD. 1972 fand ein Zusammenschluss zum „Evangelisch-methodistischen Diakoniewerk in der DDR" statt, um die Krankenhausarbeit mit einem in der DDR verwurzelten eigenen Träger überhaupt weiterführen zu können. Dazu gehörten die Diakoniewerke Bethanien, Bethesda und Martha-Maria. Der Makel eines westlich orientierten Werkes wurde so vermieden und verhinderte schwerwiegende Konflikte zwischen dem Diakoniewerk und dem Staat. Aber es gab auch in der

Diakonissen in Chemnitz

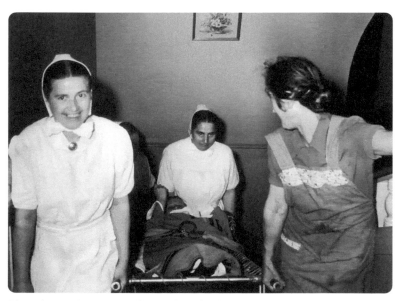

Schwerarbeit: Krankentransport in Chemnitz ohne Fahrstuhl

Schwestern, Vorstand und Ärzte in Plauen 1947

Schwesternchor während eines Gottesdienstes in Plauen (um 1930)

kommunistischen Partei der SED Menschen, die den Dienst unserer Schwestern in Leipzig, Dresden, Zwickau, Plauen und Chemnitz wohlwollend duldeten und zum Teil auch selbst nutzten. So berichtet eine Schwester aus Leipzig:

„Viele Parteigenossen haben ihre Frauen immer zu uns zur Entbindung ihrer Kinder gebracht. Die wussten, dass sie bei uns Schwestern gut aufgehoben waren."

Der Zusammenbruch der DDR 1989 und die Wiedervereinigung 1990 war für unsere Schwesternschaft in der ehemaligen DDR erneut mit der Frage verbunden, wie es nun weitergehen würde.

1991 fand nach der Wiedervereinigung ein erstes Schwesterntreffen zwischen den Hamburger Schwestern und denen aus der ehemaligen DDR in Hamburg statt. Zum Mutterhaus in Hamburg gehörten die Schwestern aus der DDR ja vor der Trennung. Allerdings hatten die vierzig Jahre der deutschen Teilung auch eine gewisse Entfremdung mit sich gebracht. Die Einrichtungen des Diakoniewerkes Bethanien in Sachsen mussten an die neuen Rahmenbedingungen angepasst werden und auch die Versorgungsfragen mussten gelöst werden. Die Schwestern gingen deshalb nach und nach in das ursprüngliche Mutterhaus nach Hamburg zurück, in dem sie aber anfangs nicht wirklich zu Hause waren. Ihr Lebensumfeld war nicht Hamburg gewesen und das Leben in einer Großstadt war ganz anders als in den ländlichen Gegenden Sachsens oder auch der Großstadt Leipzig zu Zeiten der DDR. In der Hamburger Schwesternschaft wuchs die Zahl der Diakonissen dadurch beachtlich an, was das Leben im Mutterhaus bereicherte und auch veränderte. Hier konnten nun noch manche Aufgaben von Schwestern aus der ehemaligen DDR übernommen werden, was dann aber bald aus Altersgründen zu Ende ging.

Bethanien Chemnitz, Zeisigwald Kliniken

Krankenhaus Bethanien in Plauen
Im Hintergrund das alte Bethanien-Krankenhaus

Umbrüche im 21. Jahrhundert

Schon Ende des 20. Jahrhunderts zeichnete es sich ab, dass die Arbeit der Diakonie allein oder mit wesentlicher Beteiligung durch Diakonissen aus Altersgründen nicht möglich sein würde. Schwesternnachwuchs gab es in der Nachkriegszeit nur zu Anfang. Seit den sechziger Jahren kamen keine jungen Frauen mehr zu Bethanien, die den Lebensweg einer Diakonisse gehen wollten. Das traf sowohl auf die Bundesrepublik zu, wo immerhin noch bis in die achtziger Jahre hinein geworben wurde, als auch auf die DDR, in der Werbung öffentlich nicht möglich war.

Beim 100-jährigen Bethanien-Jubiläum in Hamburg im Jahr 1979 sprach der damalige Bischof der Evangelisch-methodistischen Kirche, Hermann Sticher, wegweisende Worte, die sich in den nachfolgenden Jahrzehnten mehr und mehr bewahrheiteten.

„Viele kirchliche Träger von Krankenhäusern setzen sich mit der Frage auseinander, ob ihr Auftrag im Krankenhauswesen nicht beendet sein und ob Gott ihnen nicht neue Bereiche zeigen könnte, in denen ihr Dienst an den heute Ärmsten und Schwächsten, an den heute übersehenen Benachteiligten sein könnte."

Gebäude, die ursprünglich Krankenhäuser beherbergten, wurden an vielen Orten in ganz Deutschland für andere diakonische Aufgaben verwendet, zunächst vor allem in der Altenpflege und dem betreuten Wohnen. Seit einigen Jahren sind in keinem der Krankenhäuser oder Pflegeheime noch Diakonissen tätig.

Die Oberinnen in Frankfurt und Hamburg gehen in den Ruhestand

In Frankfurt und in Hamburg beendeten die Oberinnen Schwester Rose Häußermann und später in Hamburg Schwester Christine Grünert altershalben ihren aktiven Dienst. Es musste zunächst eine Lösung für eine neue Oberin in Frankfurt gefunden werden. Eine Bethanien-Diakonisse stand jedoch nicht mehr zur Verfügung. Silviana Prager-Hoppe wurde vom Vorstand angefragt, ob sie sich diese Tätigkeit unter den Schwestern vorstellen könne. Als ausgebildete Pflegedienstleitung, Heimleitung und gerontopsychiatrische Fachkraft war sie geradezu für diesen Dienst prädestiniert.

Silviana Prager-Hoppe

Silviana Prager-Hoppe mit Frankfurter Schwestern 2018

Nach einer Vorstellung bei den Frankfurter Schwestern, die eine Oberin zu wählen hatten, wurde ein klares Ja ausgesprochen. Sie wurde deshalb 2007 im Oberin-Martha-Keller Haus mit der Pflegedienstleitung und später Heimleitung und zugleich als „Leitende Schwester" mit der Leitung der Schwesternschaft betraut. Diese Bezeichnung wurde gewählt, weil sie ja keine Diakonisse war und der Titel „Oberin" nicht gepasst hätte. Dennoch wird S. Prager-Hoppe von den Schwestern gegenüber Außenstehenden als ihre Oberin vorgestellt.

Hamburger Schwesternschaft 2018

Weil nach dem Eintritt in den Ruhestand von Oberin Christine Grünert 2012 auch in Hamburg keine Diakonisse als Nachfolgerin zur Verfügung stand, schlug der Vorstand den Schwestern Frau Prager-Hoppe als leitende Schwester auch in Hamburg vor. 2012 wurde ebenso wie in Frankfurt ein klares Ja der Schwestern ausgesprochen. Seit dieser Zeit ist Silviana Prager-Hoppe als Leitende Schwester in Frankfurt und Hamburg tätig. Die Doppelbeauftragung (Frankfurt und Hamburg) ergab sich auch aus der Tatsache, dass die Begleitung und Versorgung beider Schwesternschaften in der Bethanien Diakonissen-Stiftung vereinigt worden war.

Diese Situation war zunächst ungewohnt. Eine Oberin war bislang immer eine Diakonisse, und die war an sieben Tagen in der Woche verfügbar. Nun gibt es eine Frau als Nachfolgerin ihrer Oberinnen, die keine Diakonisse ist. Das gab es bislang nicht in der langen Geschichte beider Mutterhäuser. Aber die modernen Kommunikations- und Verkehrsmittel machen es möglich, diese Situation gut zu gestalten. Inzwischen sind die Diakonissen dankbar, dass sie nach dem Ausscheiden der Oberinnen so gut und kompetent begleitet werden.

Frankfurt am Main – Das Mutterhaus bekommt Zuwachs

In Frankfurt, wo die Anzahl der Schwestern seit den neunziger Jahren mehr und mehr abnahm, ergab sich durch die Leerstände von Wohnflächen im Mutterhaus Frankfurt im Jahr 2002 die Herausforderung, die Bewohner eines Altenpflegeheimes vorrübergehend aufzunehmen. Die Schwestern waren von diesem Anliegen zwar nicht begeistert, stimmten aber zu. Nach Fertigstellung des neuen Pflegeheims in Bornheim sollten die Bewohner dorthin zurückkehren. Die Entwicklung ging aber in eine andere Richtung und alle blieben im Mutterhaus von Bethanien wohnen. Inzwischen gehört das Altenpflegeheim zum Oberin-Martha-Keller Haus. Das Mutterhaus der Bethanien-Diakonissen in Frankfurt veränderte dadurch sein Gesicht und die Schwestern mussten sich daran gewöhnen, nun nicht mehr alleine in dem Haus zu leben. Die anfangs noch vorhandene Pflegeabteilung für pflegebedürftige Schwestern, die von Diakonisse Rita Seebach geleitet wurde, wurde 2007 geschlossen und in das Pflegeheim im Haus integriert. Heute wohnen über 100 Bewohnerinnen und Bewohner zusammen mit den acht Diakonissen im Mutterhaus – davon befinden sich zwei Diakonissen im Pflegebereich des Altenpflegeheims (Stand: 2019). Später zogen in das Mutterhaus die Zentrale der Bethanien Diakonissen-Stiftung

Das Mutterhaus Frankfurt mit Altenpflegeheim, Bethanien-Diakonissenstiftung und Kirchenkanzlei der Evangelisch-methodistischen Kirche mit Sitz des Bischofs

Bethanien-Krankenhaus Frankfurt am Main 2016

und zuletzt noch die Kirchenkanzlei und das Bischofsbüro der Evangelisch-methodistischen Kirche ein.

Veränderungen in Hamburg

Aus wirtschaftlichen Gründen konnte das Bethanien-Krankenhaus in Hamburg seinen Betrieb nicht mehr allein aufrechterhalten. Der Vorstand der Bethanien Diakonissen-Stiftung traf Anfang des 21. Jahrhunderts den Beschluss, den Betrieb des Krankenhauses mit anderen diakonischen Häusern in einem Neubau (Diakonieklinikum Hohe Weide) zu verbinden. Weil dafür der Standort in der Martinistraße aufgegeben werden musste, wurde das Grundstück, auf dem das Bethanien-Krankenhaus stand, an die Stadt Hamburg

Alte Fassade des Bethanien-Krankenhauses 2018

Bethanien-Krankenhaus um 1950

Haupteingang Bethanien-Höfe: 2018

Dieselbe Front mit Brücke zum Krankenhaus 1960

Schwesternschaft Hamburg beim Besuch von Schwestern aus Nürnberg im Juni 2018

zurückgegeben. Es war damals kostenlos unter der Bedingung dieser Nutzung zur Verfügung gestellt worden. Der Abschied von diesem Krankenhaus fiel den Hamburger Schwestern nicht leicht, da sie über hundert Jahre lang viel Herzblut hineingesteckt hatten.

Auch die gegenüberliegenden Gebäude, Mutterhaus, Feierabend-haus und Wirtschaftsgebäude, waren in die Jahre gekommen. Diese wurden ebenfalls abgerissen – einschließlich des Kirchengebäudes. Hier konnte die Bethanien Diakonissen-Stiftung die neuen „Bethanien-Höfe Eppendorf" bauen. Das Mutterhaus bekam ein ganz neues Gesicht und Gebäude für eine Altenpflegeeinrichtung und Betreutes Wohnen entstanden, ebenso ein Restaurant, das sich inzwischen gro-ßer Beliebtheit erfreut. Im Mutterhaus wurden die Gemeinderäume und der Gottesdienstraum der Evangelisch-methodistischen Kirche untergebracht. Die Schwestern konnten 2011 dankenswerterweise während der Bauzeit im Diakonissenhaus „Alten Eichen" unter-kommen. 2015 erfolgte dann der Einzug in den Neubau. Für die inzwischen gealterten Schwestern war dieser doppelte Umzug eine große Belastung. Die Schwestern wurden aber mit sehr schönen großen Schwesternwohnungen belohnt.

Zur Zeit (2020) leben in Hamburg noch 17 und in Frankfurt noch acht Diakonissen.

Diese kleiner werdende Zahl hat manchen traurig gemacht. Nicht zuletzt sind es die Diakonissen selbst, die sich mit dieser Situation abfinden müssen. Nicht selten ist zu hören: *„Schade, dass sich die Zeit der Bethanien-Diakonissen dem Ende nähert.“* Aber dadurch, dass der Nachwuchs an Diakonissen seit Anfang der sechziger Jahre ausgeblieben ist, war diese Entwicklung abzusehen. Das hat viele Gründe. Nicht zuletzt ist der gesellschaftliche Wandel zu nennen, der mit den Umbrüchen in den sechziger Jahren begann. Die Lebensmodelle und Ideale sind andere geworden. Die Frage: „Wie können wir als Diakoniewerk den Menschen durch die Liebe Gottes dienen", ist aber dieselbe geblieben. Allerdings sind die Antworten darauf heute anders als in vergangenen Zeiten. Folgende Episode veranschaulicht das:

Ein Professor händigte die Unterlagen für das Abschlussexamen aus und verursachte einige Verwirrung bei den Studenten. Einer von ihnen wagte sich zu Wort zu melden: „Aber Herr Professor, das sind ja die gleichen Fragen, die sie schon vor Jahren einmal gestellt haben." – „Stimmt", sagte er, „aber die Antworten haben sich geändert."

In diesem Sinn und im Geist der Gründerjahre führt die Bethanien Diakonissen-Stiftung die Arbeit fort. Die Schwestern begleiten diese Arbeit im Gebet und freuen sich darüber, wie Neues entsteht und ihre Arbeit über die vielen Jahrzehnte den Grundstein dafür gelegt hat.

Oft gestellte Fragen

Was ist der Unterschied zwischen Evangelisch-methodistischer Kirche und Evangelischer Landeskirche?

Besonders in der Mitte des 19. Jahrhunderts haben sich in Deutschland sogenannte „evangelische Freikirchen" etabliert. Auswanderer lernten in den USA, in England oder den Niederlanden andere Kirchenformen kennen. Viele von ihnen kehrten im 19. Jahrhundert nach Deutschland zurück und wollten die evangelischen Landeskirchen erneuern, was zumeist auf Ablehnung bis hin zum Widerstand stieß. So bildeten sich kirchliche Gemeinschaften, wie Methodisten, Baptisten, Freie Evangelische Gemeinde, die Heilsarmee, u. a. m. Sie waren vom Staat unabhängig und finanzierten sich allein durch Spenden, nahmen also keine Kirchensteuern ein und hatten eine eigene Organisationsform. Sie standen immer auch in der Tradition der Reformation. Die Evangelisch-methodistische Kirche geht zurück auf eine kirchliche und soziale Reformbewegung in England im 18. Jahrhundert, unter der Führung des anglikanischen Pfarrers John Wesley.

Was ist der Unterschied zwischen Nonnen und Diakonissen?

Eine Nonne gehört der katholischen Kirche an und eine Diakonisse ist evangelisch. Sowohl die Nonne als auch die Diakonisse lebt in einer geistlich geprägten Gemeinschaft und ist nicht verheiratet. Was bei der Nonne das Kloster ist, ist bei der Diakonisse das Mutterhaus (siehe Kapitel: „Das Mutterhaus, die neue Heimat der Schwestern"). In der Prägung des Glaubens und der Spiritualität gibt es innerhalb der und zwischen den katholisch und evangelisch geprägten Gemeinschaften eine große Vielfalt.

In vielen Nonnenklöstern leben die Nonnen in einer geistlichen Gemeinschaft, in denen das Beten, der Gottesdienst und das Arbeiten für den Lebensunterhalt im Mittelpunkt steht, wie z. B. bei den Benediktinerinnen (ora et labora = bete und arbeite; nach der Regel des Benedikt von Nursia; 6. Jahrhundert n. Chr.). Aber es gibt bei der Vielzahl der Klostergemeinschaften weltweit auch Nonnen, die auf verschiedene Weise caritativ tätig sind.

Diakonissen-Gemeinschaften sind dafür gegründet, Menschen in Not zu helfen. Bei der Diakonisse steht der Dienst am Mitmenschen im Mittelpunkt. Mehr dazu unter: „Aufgabenbereiche der Diakonissen".

Nachwuchssorgen – Werbung für den Dienst als Diakonisse?

Diakonissen haben auch immer für ihren Dienst am Nächsten geworben und damit auch eine Möglichkeit der Ausbildung angeboten. Allerdings haben sich Lebensentwürfe und moralische Vorstellungen seit den sechziger Jahren sehr verändert. Das hatte zur Folge, dass es trotz intensiver Werbung keine Frauen mehr gab, die Bethanien-Diakonisse werden wollten. Auch in katholischen Nonnenklöstern fehlt es seit geraumer Zeit sehr an Nachwuchs. Mehr dazu unter dem Kapitel: „Lebensbedingungen einer Diakonisse".

Kann die Vielzahl der Berufe, die Diakonissen ohne Verdienst ausgeübt haben, als Ausbeutung empfunden werden?

Das Wort Ausbeutung beinhaltet, dass die einen sich auf Kosten der anderer bereichern. Bei den Bethanien-Diakonissen (und Diakonissen allgemein) gab es keine Bereicherung von irgendwelchen Personen. Die Einnahmen wurden zum Unterhalt der Schwestern und für alle anderen Ausgaben verwendet. Siehe auch unter dem Kapitel: „Die drei Versprechen einer Diakonisse"/„Verzicht auf volle Entlohnung" und: „Diakonissen – dienen ohne Verdienst".

Wer von den Schwestern den Dienst als Ausbeutung empfunden hat, ist aus dem Mutterhaus ausgetreten.

Finanzen bzw. Zuwendungen für Diakonissen

Eine Diakonisse wird im Gegenzug zu ihrer Arbeit bzw. Lebensleistung rundum versorgt. Dazu gehören Unterkunft, Verpflegung, Krankenversorgung, Urlaub, Auslagenersatz bei Fahrtkosten, Rentenversorgung im Fall eines Austritts aus dem Mutterhaus und Taschengeld. Sofern Schwestern von ihren Verwandten Zuwendungen erhielten, mussten sie diese nicht an das Mutterhaus abgeben. Ein Armutsversprechen wurde ja nicht gegeben, wohl aber ein Versprechen auf Verzicht einer Entlohnung. Manche haben sich dadurch auch ein eigenes Auto leisten können. In der Regel haben sie gerne mit anderen Schwestern diesen Komfort geteilt, sind damit zusammen mit anderen Schwestern in den Urlaub gefahren oder haben gemeinsame Ausflüge unternommen.

Wer ist der Arbeitgeber der Diakonissen?

Bethanien-Diakonissen stehen in keinem Dienstverhältnis, sondern verstehen sich als Mitglieder und Töchter des Mutterhauses, in dem sie ihren Dienst leisten. Mehr dazu unter: „Diakonissen – dienen ohne Verdienst" und „Lebensbedingungen einer Diakonisse".

Wie gehen Diakonissen mit den Themen Liebe, Hobbys, Kinderlosigkeit um?

Liebe wird aus dem Glauben heraus als Nächstenliebe verstanden. Zwischen Diakonissen gab und gibt es selbstverständlich auch enge Freundschaften, was auch eine platonisch freundschaftliche Beziehung zu Männern einschließen kann.

Hobbys haben Diakonissen selbstverständlich auch. Bei Basaren haben sie ihre Näh-, Bastel-, Strick- und anderen Künste eingebracht und zu Geld für Projekte gemacht. Im privaten Bereich wurde musiziert, gemalt, gedichtet und vieles andere mehr.

Die Kinderlosigkeit ist bei den Schwestern oft ausgeglichen worden, indem sie eine enge Beziehung zu Nichten und Neffen hatten, oder in ihrem Dienst viel mit Kindern zu tun bekamen. Siehe auch Kapitel: „Aufgabenbereiche der Diakonissen".

Wie werden Konflikte unter den Schwestern gelöst?

Natürlich gab und gibt es immer auch Konflikte, wo Menschen zusammen leben. Die Oberin ist die erste Station als Ansprechpartnerin, wenn es unter den Schwestern Konflikte gibt. Die Konflikte können unterschiedliche Ursachen haben. Es kann um persönliche Schwierigkeiten gehen ebenso wie um Fragen des Dienstes, finanzielle Angelegenheiten oder auch disziplinarische Dinge. Kann die Oberin nicht weiterhelfen, wird der theologische Vorstand hinzugezogen.

Welche Verbindung besteht zwischen Hamburg und Frankfurt?
In dem Kapitel: „Wie alles begann" und „Neue Wege im 20 Jahrhundert" ist dazu einiges zu lesen.

In der Bethanien Diakonissen-Stiftung sind die Mutterhäuser Frankfurt und Hamburg wieder miteinander vereint. Der Sitz der Stiftung ist im Oberin-Martha-Keller-Haus in Frankfurt a. M. Die Leitende Schwester, Silviana Prager-Hoppe, ist sowohl für die Hamburger als auch für die Frankfurter Schwesternschaft verantwortlich.

Was bedeuteten Begriffe wie: Rüstzeit, Freizeit, Mutterhaus?
Rüstzeit ist ein Begriff, der eine lange christliche Tradition hat. Gemeint ist damit die Ermutigung im Glauben, die Beschäftigung mit biblischen Texten und damit auch die Motivation zum Dienst. Verbunden mit der Rüstzeit ist immer auch körperliche Erholung, was auch unter den Begriff „Freizeit" fällt.

„**Freizeit**" meint allerdings mehr den Erholungsaspekt einer gemeinsamen Veranstaltung, die in einem Erholungsheim (Freizeitheim) der Kirche oder des Diakoniewerks über einen längeren Zeitraum stattfindet. Diese sogenannten Freizeiten waren und sind bei Diakonissen sehr beliebt und können sich über ein Wochenende bis hin zu mehreren Wochen erstrecken.

Der Begriff **Mutterhaus** ist in dem Kapitel: „Das Mutterhaus – die neue Heimat der Schwestern" ausführlich erklärt.

Welche Rituale gibt es bei den Diakonissen? z. B. beim Mittagessen (das Tischgebet)?
Das Tischgebet. Die Schwestern haben im Laufe der Zeit auch viel Not, Armut und auch Hunger erlebt. Deshalb ist es ein tiefes Anliegen vor dem Essen zu beten, wie es auch in anderen christlichen Kreisen üblich ist. Nach dem Essen wird ein Dankgebet gesprochen. Denn hinter den Gaben, von denen wir leben, stehen Menschen, die sie uns bereitet haben und Gott, der die Gaben wachsen lässt. In einem

Tischlied, das zum Beispiel zu Beginn einer Mahlzeit gesungen werden kann, heißt es: *„Alle guten Gaben, alles, was wir haben, kommt o Gott von dir. Wir danken dir dafür."* Einige Schwestern haben noch erlebt, wie im großen Speisesaal der Diakonissen vor dem Essen im Knien gebetet wurde. Das ist heute nicht mehr so.